Leba-See
Leba
Lupow
Stolpe
Wipper
Putzig
Kußfeld
Hela
Rheda
Neustadt
Gdingen
Zoppot
Oliva
DANZIG
Kahlberg
Karthaus
Radaunensee
Ostritzsee
HÖHE
NIEDERUNG
Weichsel
Tiegenhof
Ladekopp
Neuteich
ELBING
Nogat
Berent
Dirschau
Marienburg
Posilge
Ferse
Weitsee
Preußisch Stargard
Pelplin
Christburg
Stuhm
Stuhmsdorf
Rehhof
Schwornigatz
Müskendorfer See
TUCHELER HEIDE
Schwarzwasser
Mewe
Liebe
Finckenstein
Riesenburg
MARIENWERDER
Rosenberg
Geserichsee
Konitz
Schlochau
Tuchel
Brahe
Neuenburg
Schönberg
Deutsch Eylau
Montau
Roggenhausen
Ossa
Löbau
Landeck
Preußisch Friedland
Zempelburg
GRAUDENZ
Schwetz
Neumark
Welle
Rehden
Pilow
Küddow
Flatow
Vandsburg
Kulm
Weichsel
Krone
Briesen
Drewenz
Strasburg
Deutsch Krone
Kulmsee
BROMBERG
Gollub
Birglau
THORN
Netze
Grenze Westpreußens bis 1920
Staatsgrenzen von 1920–1945
Regierungsbezirksgrenze
Kreisgrenze
Sitz eines Regierungspräsid.
Kreisstadt
weitere Städte u. Ortschaften
0 10 20 30 40 50
km

Harald Kohtz

WESTPREUSSEN IN FARBE

Land an der unteren Weichsel

OSTDEUTSCHE HEIMAT IN FARBE

Band 1: *Ostpreußen, Danzig, Westpreußen in Farbe* (ISBN 3-8083-1072-3) – vergriffen
Band 2: *Schlesien in Farbe* (ISBN 3-8083-1071-5) – vergriffen
Band 3: *Westböhmen in Farbe* (ISBN 3-8083-1070-7)
Band 4: *Nordböhmen in Farbe* (ISBN 3-8083-1073-1)
Band 5: *Mähren und Schlesien in Farbe* (ISBN 3-8083-1074-X)
Band 6: *Pommern in Farbe* (ISBN 3-8083-1075-8) – vergriffen
Band 7: *Breslau in Farbe* (ISBN 3-8083-1076-6)
Band 8: *Riesengebirge in Farbe* (ISBN 3-8083-1077-4) – vergriffen
Band 9: *Das Ermland in Farbe* (ISBN 3-8083-1079-0)
Band 10: *Schlesien in Farbe* (ISBN 3-8083-1078-2) – Doppelband
Band 11: *Stettin und Mittelpommern in Farbe* (ISBN 3-8083-1080-4)
Band 12: *Ostbrandenburg in Farbe* (ISBN 3-8083-1081-2)
Band 13: *Hinterpommern in Farbe* (ISBN 3-8083-1083-9)
Band 14: *Sudetenland in Farbe* (ISBN 3-8083-1082-0) – Doppelband
Band 15: *Ostpreußen in Farbe* (ISBN 3-8083-1084-7) – Doppelband
Band 16: *Westpreußen in Farbe* (ISBN 3-8083-1085-5)
Band 17: *Das ganze Riesengebirge in Farbe* (ISBN 3-8083-1087-1)
Band 18: *Niederschlesien in Farbe* (ISBN 3-8083-1088-X)
Band 19: *Mittelschlesien in Farbe* (ISBN 3-8083-1089-8)
Band 20: *Pommern in Farbe* (ISBN 3-8083-1086-3) – Doppelband

Harald Kohtz

WESTPREUSSEN IN FARBE

Land an der unteren Weichsel

96 Großfotos

mit 59 Zeichnungen, u. a. von

Ernst Rudolf Döring

ADAM KRAFT VERLAG

Titelbild: Rathaus in Thorn mit Copernicus-Denkmal (Foto: OEP)

Landkarte und Wappen im Vorsatz: Ernst R. Döring

CIP-Kurztitelaufnahme der Deutschen Bibliothek
Westpreussen in Farbe: Land an d. unteren Weichsel /
Harald Kohtz. – Mannheim: Kraft, 1986.
(Ostdeutsche Heimat in Farbe; Bd. 16)
ISBN 3-8083-1085-5
NE: Kohtz, Harald [Bearb.]; GT

ISBN 3-8083-1085-5

Satz: Georg Aug. Walter's Druckerei GmbH Eltville
Druck: Heidelberger Reprographie Eppelheim
Lithos: VSO Merk & Steitz GmbH Villingen-Schwenningen
Bindung: C. Fikentscher KG Darmstadt

ALTES LAND – NEUER NAME

In dem Mysteriendrama «Der seidene Schuh» des französischen Dichters Paul Claudel (1868–1955) gibt es eine köstliche satirische Szene, in welcher der gelehrte Rektor der Universität Salamanca und ein sich nicht minder gelehrt gebender Grande gar mitleidig-nachsichtsvoll über ein völlig absurdes Forschungsergebnis ihrer Epoche herziehen: über die Entdeckung des Copernicus, daß die Erde sich um die Sonne dreht und nicht umgekehrt.

Im weiteren Verlauf des Gesprächs der beiden Geistesritter wird des Copernicus Name in Bernikus, Bornikus, Bornikel und Bornisch verballhornt, seine Geburtsstadt Thorn als Tours in Frankreich lokalisiert, als «Turonibus, wo die Rhone sich in die Nordsee ergießt», schließlich als «Thorn in der Schweiz, wo polnisch gesprochen wird».

Es sei dahingestellt, ob es ums Jahr 1600 für eine kastilische Magnifizenz eine Schande war, nicht zu wissen, wo Thorn liegt. Fest steht jedoch, daß auch in unserem Jahrhundert so mancher Deutsche keine sehr klare Vorstellung von Lage, Größe und Beschaffenheit jener ehemaligen Reichsprovinz hat, zu der die Stadt Thorn einst gehörte. Wie denn ja von jeher der gesamte Ostraum des Reiches weitgehend für eine Region gehalten wurde, in der es furchtbar kalt war und sich überdies die Füchse, wenn nicht gar die Wölfe, gute Nacht sagten.

Vom gesunden Menschenverstand her wäre es keineswegs abwegig, unter dem Begriff «Westpreußen» den westlichen Teil des seit 1871 zum Zweiten Deutschen Kaiserreich gehörenden einstigen Königreichs Preußen zu verstehen, also etwa Westfalen und das Rheinland. Tatsächlich lag jedoch das 25 500 qkm große Westpreußen als Nummer zwei der zwölf preußischen Provinzen, deren Zählung im äußersten Osten begann, recht weit in eben diesem Osten. Im Westen bildeten Pommern und Brandenburg die Grenze Westpreußens; im Osten tat es Ostpreußen, im Norden die Ostsee (weitgehend

Marienburg (aus Henneberger, 1595)

in Gestalt der Danziger Bucht), im Süden die einstige Reichsprovinz Posen und Russisch Polen.

Warum aber die Bezeichnung «Westpreußen» für ein so östliches Gebiet der preußischen Monarchie? Das hört sich widersinnig an, ist es aber nicht. Das Gebiet dieser Provinz war einmal weitgehend identisch mit der Westregion des auf altpreußischem (pruzzischem) Boden begründeten Ordensstaates, die dieser 1466, ebenso wie das Ermland, eingebüßt hatte. Von 1525 an bestand der Restordensstaat (also etwa Ostpreußen ohne Ermland) als weltliches Herzogtum Preußen weiter und gelangte keine hundert Jahre später in den Besitz der Kurfürsten von Brandenburg. Einer von ihnen, Friedrichs des Großen Großvater, wurde 1701 König in besagtem Herzogtum, dessen Name von da an auf den brandenburgisch-preußischen Gesamtstaat überging. Aber noch etwa ein Jahrhundert lang verstand man unter «Preußen» nur das Stammland des neuen Königreichs, also Ostpreußen, dazu – seit 1772 – Westpreußen.

«Seit länger als einem Monate bin ich von meinen Reisen zurück», teilt Friedrich der Große im Oktober 1773 aus Potsdam dem alten Freund Voltaire mit. «Ich war in Preußen, um die Leibeigenschaft abzuschaffen, barbarische Gesetze abzustellen, vernünftigere zu erteilen, einen Kanal anzulegen, welcher die Weichsel, die Netze, die Warthe, die Oder und die Elbe in Verbindung bringe, Städte, welche seit der Pest von 1709 verfallen waren, wieder aufzubauen, 20 Meilen

Westlicher Teil des Preußenlandes um 1400

Sumpf auszutrocknen und in diesem Lande die bisher selbst dem Namen nach unbekannte Polizei anzuordnen.» Hier ist mit «Preußen» eindeutig das 1772 in der Ersten Polnischen Teilung erworbene Westpreußen gemeint, jener dem Ordensstaat nach dem Aufstand des Preußischen Bundes verlorengegangene Westteil, der die Bezeichnung «Preußen Königlichen Anteils» oder «Preußische Lande Königlich-Polnischen Anteils» erhalten hatte, aus Bequemlichkeit jedoch noch bis ins 19. Jahrhundert hinein kurz «Polnisch Preußen» genannt wurde.

Es war nur folgerichtig, daß «Polnisch Preußen» 1773 den Namen «Westpreußen» erhielt, denn es lag ja im Westen des zu Beginn des Jahrhunderts zum Königreich erhobenen Herzogtums Preußen, bildete nun die Ergänzung dieses Königreiches. So war nach 300 Jahren das ehemalige Ordensland Preußen wieder vereint. Ein Ergebnis, das für die Besitzergreifung Westpeußens jedoch keineswegs ausschlaggebend gewesen ist. Für Preußens Beteiligung an der maßgeblich von Rußland betriebenen Teilung des polnischen Reiches waren, dem Stil der Zeit entsprechend, allein realpolitische Motive wirksam geworden. Für Friedrich hatte sich die Möglichkeit eröffnet, die nicht nur strategisch wichtige Verbindung zwischen bis dahin voneinander getrennten Gebieten des Staates herzustellen und in den Genuß wirtschaftlicher Vorteile zu gelangen.

Friedrich der Große sah keinen Anlaß, diese Gesichtspunkte zu verheimlichen oder ideologisch zu bemänteln. «Dieser Gewinn», nämlich die «Einverleibung des polnischen Preußens mit meinen alten Ländern», so heißt es in der Vorrede zu einem seiner historischen Werke, «war einer der wichtigsten, den wir machen konnten, weil dadurch Pommern mit Ostpreußen verbunden ward und wir Herren der Weichsel wurden, welches uns den doppelten Vorteil gewährte, dies Königreich zu beschützen und ansehnliche Zölle von der Weichsel ziehen zu können, da der ganze polnische Handel auf diesem Flusse betrieben wird».

Eine Nichtbeteiligung Preußens an der zwar jeder Rechtsgrundlage entbehrenden, aber dem machtpolitischen Denken jener Zeit nicht weiter anstößigen schrittweisen Liquidierung Polens hätte ein noch weiteres Vorrücken Rußlands nach Westen zur Folge gehabt, was nicht im Interesse Preußens lag. Dieses machte übrigens bei der ersten Teilung mit einem Gebietsgewinn von 35 000 qkm (einschließlich Ermland und Netzedistrikt) einen vergleichsweise bescheidenen Schnitt, denn Österreich nahm sich zweimal, Rußland sogar dreimal soviel.

WESTPREUSSENS BEWOHNER

In dem Gebiet, auf dem die Provinz Westpreußen entstand, haben seit dem Mittelalter Pruzzen, Kaschuben, Polen, Deutsche, Holländer und Juden nacheinander, nebeneinander und miteinander gelebt, in einer ihnen weitgehend durch politische Umstände aufgezwungenen, nicht unbedingt ideal zu nennenden Schicksalsgemeinschaft; ein keineswegs gleichmäßig verteiltes Bevölkerungsgemisch, dessen unterschiedlicher Zusammensetzung unterschiedliche Auffassungen und Ziele entsprachen, was schließlich eine vertrackte Problemsituation heraufbeschwor. Die Folgen ihrer gewaltsamen Lösung wirken noch heute nach.

Die Pruzzen

Die Pruzzen gehören zur baltischen Familie der indoeuropäischen Völker, zur Gruppe der Litauer, Letten und Kuren. Die Pruzzen selbst haben sich wohl als «Prusai» bezeichnet. «Brus», mit langem «u», heißen sie in dem Reisebuch des spanischen Juden Ibrahim ibn Jacub, der um etwa 965 von Magdeburg aus eine Erkundungsfahrt in slawische Länder unternahm.

Ende des 10. Jahrhunderts taucht in einer Urkunde für die nördlichen Nachbarn der Polen der Name «Pruzzen» auf, dem bald die latinisierten Formen «Pruteni» und «Borussi» folgen. Die Übertragung des Volksnamens auf die Wohngebiete seiner Träger lag nahe, und so kamen die Bezeichnungen «Preußen» und «Borussia» zustande. Die Wohngebiete der Pruzzen, die keinen straffen Staatsverband kannten, waren elf Gaue, von denen das Kulmerland, Pomesanien und das westliche Pogesanien einmal den östlich der Weichsel gelegenen Teil Westpreußens bilden sollten. Die ursprünglich friedliebenden Pruzzen waren in erster Linie Jäger; sie erlegten Ure, Biber und wilde Pferde, auch Elche und Bären. Fischfang, Viehzucht und Ackerbau waren weitere Beschäftigungen, die zu ihrem Lebensunterhalt beitrugen. In der sozialen Rangordnung stand an erster Stelle die Gruppe der adeligen Landbesitzer, der Edelinge, mit Lehnsabhängigen und Unfreien. Der Großteil der pruzzischen Bevölkerung aber waren freie Bauern.

Die Religion dieses Volkes bestand in der Verehrung der Naturgewalten, denen in heiligen Hainen geopfert wurde. Auch personale Gottheiten gab es; deren oberste war der in Eichenwäldern wohnende Perkunos, der Donnerer. Um die Jahrtausendwende setzten die ersten Christianisierungsversuche ein – Fehlschläge, erklärbar aus dem verständlichen Mißtrauen der Bodenständigen gegenüber dieser neuartigen, als Angriff auf ihre Freiheit empfundenen Einmischung von auswärts, die bislang in Gestalt kriegerischer Ein- und Überfälle von Wikingern, Russen und Polen aufgetreten war.

Den nordwärts zur Ostsee strebenden Polen setzten die Pruzzen in dem von Angehörigen beider Völker bewohnten Kulmerland so erfolgreich zu, daß Herzog Konrad von Masowien, um diesen Teil seines Herrschaftsgebietes zu sichern, den Deutschen Ritterorden zu Hilfe rief. Der kam und brachte mit des Kaisers und des Papstes Segen innerhalb eines Halbjahrhunderts (1231–1283) die Nieder- und Unter-

Preußischer Auerochs (aus Henneberger, 1595)

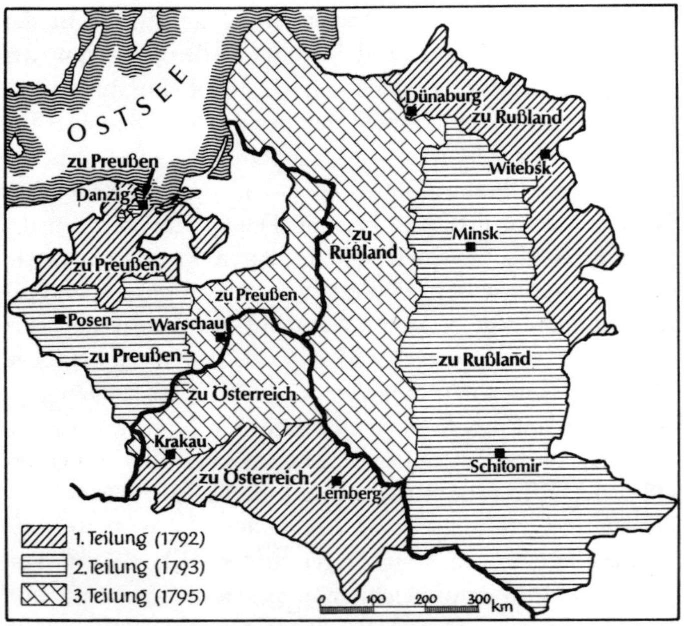

Die drei Teilungen Polens

werfung der Pruzzen zuwege; ein, da es sich um «Heiden» handelte, in jenen Zeiten als gottgefällig bewertetes Werk. Dabei ging es nicht gerade zimperlich zu, zumal bei den blutigen Aufständen der Pruzzen gegen die Eindringlinge, die sich mit abgesicherten Rechtstiteln als die neuen Herren des Landes einrichteten.

Die Folge war eine beträchtliche Verminderung der pruzzischen Bevölkerung. Um deren planvolle Ausrottung aber war es dem Orden keineswegs zu tun; er brauchte schließlich Arbeitskräfte für die wirtschaftliche Nutzung des Landes, wofür die Zahl der eingetroffenen deutschen Siedler bei weitem nicht ausreichte. Die Beziehungen zwischen Siegern und Besiegten richteten sich nach dem Verhalten dieser gegenüber jenen, nach dem Grad ihrer – wie man heute sagen würde – Kollaborationsbereitschaft. Für den adeligen pruzzischen Grundherrn bedeutete dies die Umwandlung von freiem Allodial- in Lehnsbesitz, aber auch die Verleihung erblicher Rechte, verpflichtete ihn andererseits zu Teilnahme an Kriegsdienst und Hilfeleistung beim Burgenbau. Die freien pruzzischen Bauern erfuhren jedoch in ihrer rechtlichen und wirtschaftlichen Stellung eine fühlbare Beeinträchtigung, die erst in der Mitte des 14. Jahrhunderts nachließ. Im Laufe der Zeit verschmolz die altpreußische Stammbevölkerung mit den deutschen Kolonisten, hielt übrigens noch lange, bis über die Reformation hinaus, am alten Götterglauben fest, bewahrte manche Sitte, manchen Brauch. Bis ins 16. Jahrhundert blieb auch die Sprache der Pruzzen lebendig, das Altpreußische. Es ist leider nur in zwei von Herzog Albrecht in Auftrag gegebenen Übersetzungen des Lutherschen Katechismus (1545 und 1561) sowie in einigen Wörterverzeichnissen auf uns gekommen.

Die Kaschuben

Die westlichen Nachbarn der Pruzzen waren die westslawischen Pomoranen (= Meeranwohner), also die Pommern, worunter alle zwischen Oder und Weichsel, zwischen Ostsee und Warthe/Netze Ansässigen verstanden wurden. Für das östliche Gebiet dieses damaligen Pommernlandes, das spätere Pommerellen, begann ums Jahr 1000 die historische Zeit. In seinem nördlichen Teil, der Kaschubei, leben noch heute die Nachfahren der Pomoranen – die Kaschuben, etwa 150000 bis 200000 an der Zahl. Ihre Sprache ist dem Polnischen verwandt, aber kein polnischer Dialekt. Friedliche und freundschaftliche Beziehungen zu Polen waren gute Voraussetzungen für die von dort ausgehende, von deutschen Klostergeistlichen geleistete unproblematische Christianisierung Pommerellens und seine Einbeziehung in die polnischen Diözesen Kujawien und Gnesen.

Mit den Pruzzen kamen die Pomoranen in nähere, und zwar unerfreuliche Berührung, als zwei ihrer Herzöge an Kreuzzügen gegen die baltischen Nachbarn teilnahmen (1223 und 1233) und beim zweiten, der nach Pomesanien hineinführte, entscheidenden Anteil am Sieg in der großen Schlacht am Sorgefluß hatten. Dieser Sieg ermöglichte es dem Ritterorden, zum Frischen Haff vorzustoßen. Die Rache der Pruzzen ließ nicht lange auf sich warten. Sie fielen in Pommerellen ein, verwüsteten die Umgegend der Residenz Danzig und zerstörten dabei die Klöster Oliva und Zuckau. Als aber 1242 der pommerellische Herzog Swantopolk, der im Süden Nakel und Bromberg hatte erobern können, mit dem Orden aneinandergeriet, nahmen die Pruzzen die günstige Gelegenheit zu einem großen Aufstand gegen die Kreuzritter wahr.

Da Pommerellen, bevor es der Orden weitgehend durch Kauf erwarb, bereits christlich war, vollzog sich hier der Herrschaftswechsel verhältnismäßig reibungslos. Die pommerellischen Adeligen mußten zwar den Orden als Obereigentümer anerkennen, blieben ansonsten aber in ihrer sozialen Stellung unangetastet. Die der Bauern wurde, sofern der Orden ihr Grundherr war, sogar bedeutend verbessert. Zu den nach polnischem Recht organisierten Dörfern traten nun solche mit deutschem Recht hinzu, in denen die Bauern das für sie günstigere kulmische Erbrecht besaßen. Die Bezeichnungen «Dorf zu polnischem Recht» und «Dorf zu deutschem Recht» erlauben jedoch keinen eindeutigen Schluß auf die Volkstumszugehörigkeit der Bewohner. Alles in allem waren für Nordpommerellen, die Kaschubei, die ersten Jahrzehnte unter dem neuen Regiment eine Zeit der Blüte, zudem eine friedliche Zeit.

Weniger rosige Zeiten kamen in der Phase des Niederganges des Ordens. Als schließlich 1466 auch für die Kaschuben mit dem Zweiten Thorner Frieden die polnische Oberhoheit anbrach, mußten sie feststellen, daß die stammverwandten Polen, die nun an die Macht kamen, zu einer selbstherrlichen Adelsschicht gehörten, die allein auf Mehrung von Rechten und Besitz aus war und im Bauern nur ein Objekt für Knechtung und Ausbeutung sah. Das erklärt die damals entstandene Abneigung der Kaschuben gegenüber den Polen.

Die preußisch-deutsche Zeit, in der man nach 1772 die Auswüchse standesherrlicher Willkür beschnitt, brachte den Kaschuben bessere Rechts- und Wirtschaftsverhältnisse, aber

Kloster Oliva bei Danzig

auch ein neues Dilemma. Weil dieses gutmütige, fleißige Völkchen, das genügsam in karger Landschaft sein Auskommen fand und seine geistigen Bedürfnisse durch (katholische) Gläubigkeit gestillt fand, allem, was «Bildung» hieß, mißtrauisch gegenüberstand, geriet es in den Geruch der Beschränktheit. Das Wort «Kaschube» wurde ein deutsches Schimpfwort. Die Volkskunst der Kaschuben aber war allgemein geschätzt. Die in der «Korridorzeit» (1920–1939) tonangebenden Polen wollten ihnen den Status einer eigenständigen nationalen Gruppe streitig machen. Zu ihrer Verunsicherung gegenüber der einst akzeptierten deutschen Obrigkeit hatte nach der Reichsgründung der von Bismarck gegen die katholische Kirche begonnene «Kulturkampf» geführt. Nebenbei, es gab zwei bedeutende preußische Militärs kaschubischer Abstammung: den General Tauentzien (1710–1791) und den Feldmarschall Yorck von Wartenburg (1759–1830).

Kaschubei bei Weitsee

Die Polen

Eine Betrachtung der Besiedlungsgeschichte Westpreußens ist ohne Berücksichtigung der Polen nicht gut möglich. Mit ihnen kam der Orden weitaus früher in Berührung als mit den Kaschuben; denn das Kulmerland, das Herzog Konrad von Masowien den Ordensrittern für ihre Unterstützung gegen die unliebsamen pruzzischen Störenfriede versprochen hatte, war kein menschenleerer Raum. Dort lebten, zusammen mit einem nicht geringen pruzzischen Bevölkerungsanteil, Polen. Soweit sie zum Ritterstand gehörten, also Adelige waren, erhielten sie bereits von Hermann Balk, den Hochmeister Heinrich von Salza 1230 als ersten Landmeister des Ordens im Preußenland eingesetzt hatte, die Bestätigung ihres Besitzes wie ihrer Rechte nach dem bereits im Zusammenhang mit den pommerellischen Adeligen genannten Verfahren. Für die im Kulmerland ansässigen polnischen Bauern stellte sich erst zu Anfang des 14. Jahrhunderts eine Besserung ihrer Situation ein.
Die Auflehnung des polnischen Adels im 15. Jahrhundert gegen das Ordensregiment hatte keinen nationalpolitischen Hintergrund; sonst wären nicht die deutsch besiedelten Städte mit von der Partie gewesen. Als 1466 die westliche Ordensstaatshälfte unter die Oberhoheit der Krone Polens geriet, setzte für gut 300 Jahre ein Nachrücken polnischer Bevölkerung in dieses Gebiet ein. Das aber hatte noch nichts mit planmäßiger Polonisierung zu tun, wie sie nach 1920 in der «Korridorzeit» praktiziert wurde.
Nach der Besitzergreifung Polnisch Preußens durch Friedrich den Großen (1772) erlitten Polen und Kaschuben keinerlei Beeinträchtigung in ihren bisherigen Lebensformen. Dem König kam es in erster Linie auf für den Aufbau der neuen Provinz brauchbare Arbeitskräfte an; Religion und Volkstum spielten, dem Zeitgeist entsprechend, für ihn keine Rolle, stellten noch kein Problem dar. Die neuen Untertanen, Juden und Mennoniten ausgenommen, erfuhren gleichwertige För-

derung. So war es nur natürlich, daß man bei Einrichtung von Volksschulen auch die Polen entsprechend berücksichtigte. Noch ein Halbjahrhundert nach der Erwerbung Westpreußens fand die tolerante Einstellung gegenüber dem polnischen Volkstum eindeutige Bekräftigung, wenn der preußische Kultusminister von Altenstein 1822 feststellte: «Es ist nicht nötig, daß die Polen, um vollkommen gute Untertanen sein und an den Vorteilen der Staatseinrichtung teilnehmen zu können, ihre Stammsprache aufgeben oder nur hintansetzen müssen. Religion und Sprache sind die höchsten Heiligtümer einer Nation, in denen ihre ganze Gesinnungsart und Begriffsweise begründet ist.»

Aber angesichts der dem 19. Jahrhundert zu verdankenden «Erfindung» des nationalstaatlichen Denkens, das verständlicherweise mit besonderer Leidenschaft die ihres Staates beraubten Polen ergriff, erklangen bald andere Töne. Bereits 1828 äußerte der Oberpräsident von Ost- und Westpreußen, von Schön, daß in Westpreußen «die deutsche Bildung Wall und Waffe gegen das benachbarte Slawentum» sein solle. Nach Ende der Ära Schön (1842) wurde zwar den Schulen mit überwiegend polnischsprachigen Kindern deren Muttersprache als Hauptunterrichtssprache zugestanden, seit den 1860er Jahren jedoch das Deutsche als vorrangige Sprache in der Schule durchgesetzt.

Dieser Sprachenstreit im Raum der Schule störte die Beziehungen zwischen dem polnisch-kaschubischen und dem deutschen Bevölkerungsteil Westpreußens, die im Verhältnis von etwa eins zu zwei standen.

Westpreußische Gebiete mit überwiegend kaschubischer Landbevölkerung waren im Regierungsbezirk Danzig die Kreise Karthaus, Neustadt und Putzig, mit überwiegend polnischer die Kreise Berent, Dirschau und Preußisch Stargard. Im Regierungsbezirk Marienwerder überwog die polnische Landbevölkerung rechts der Weichsel in den Kreisen Löbau und Strasburg sowie in den Gutsbezirken der Kreise Briesen, Kulm, Stuhm und Thorn (Land), links der Weichsel in den Kreisen Konitz, Tuchel und Schwetz.

Daß Westpreußens Polen und Kaschuben, von geringfügigen Ausnahmen abgesehen, katholische Christen waren, hat immer wieder zu der Verwirrung stiftenden Gleichsetzung

Muttersprachliche Situation (1910)

		Einwohner	deutsch	polnisch	kaschubisch	eine andere Sprache	deutsch und polnisch	deutsch und eine andere Sprache
Danzig	Städte	318958	295803	15635	3559	641	3029	291
	Landgemeinden	362836	200826	75040	83787	115	2336	732
	Gutsbezirke	60825	35991	11405	12802	22	319	286
Regierungsbezirk	Danzig	742619	532620	102080	100148	778	5684	1309
Marienwerder	Städte	280704	200333	74846	50	374	5035	66
	Landgemeinden	526608	282049	231803	6690	185	5536	345
	Gutsbezirke	153543	82941	67124	311	179	2937	51
Regierungsbezirk	Marienwerder	960855	565323	373773	7051	738	13508	462
Provinz Westpreußen		1703474	1097943	475853	107199	1516	19192	1771

von «katholisch» mit «polnisch» geführt. Natürlich gab es in Westpreußen auch deutsche Katholiken. Da dort 1910 die Deutschen 64,5 v. H., Polen und Kaschuben zusammen 34,2 v. H. der Bevölkerung ausmachten, der Gesamtanteil an Katholiken aber 51,8 v. H. betrug, liegt das Unzutreffende der These katholisch = polnisch auf der Hand.

Die Deutschen

Von den bisher genannten Völkern und Volksstämmen waren die Deutschen die letzten, die in das Land an der unteren Weichsel kamen. Sie haben ihm aber innerhalb von 700

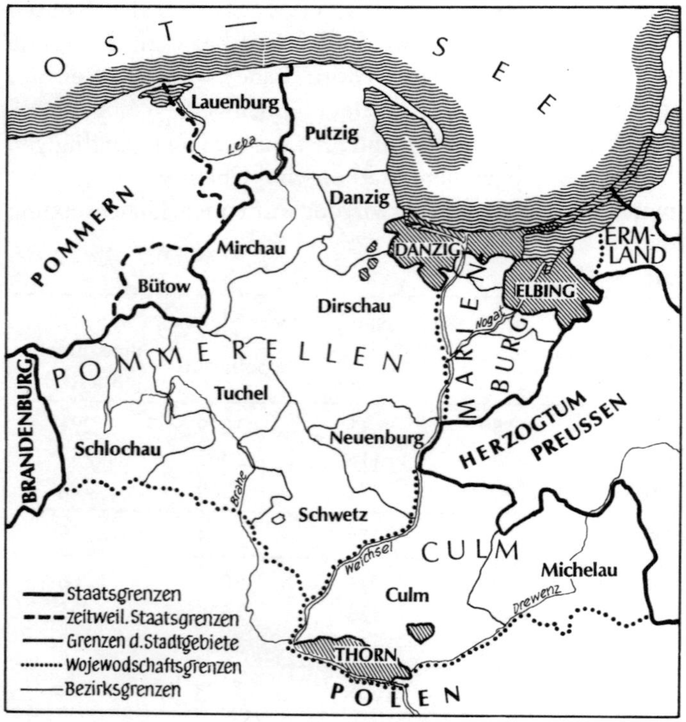

Ständestaat Preußen seit 1454/1466

Jahren ein Gepräge verliehen, dessen Spuren noch heute erkennbar sind. Verschiedene deutsche Stämme haben im Verlauf der Zeiten an der Besiedlung Westpreußens mitgewirkt: Sachsen, Thüringer und Schlesier, Holsteiner und Niedersachsen, nach 1772 noch Württemberger und Badener, um nur die wichtigsten zu nennen.

Der Beweggrund zur Abwanderung aus der angestammten Heimat war kein wie auch immer geartetes «Sendungsbewußtsein» der gen Osten Ziehenden. Wirtschaftliche Gründe gaben den Ausschlag, die Aussicht auf günstigere Existenzbedingungen, auch auf bessere Stellung in rechtlicher Hinsicht. Die Landesherren gewährten gegenüber der einheimischen pruzzischen oder slawischen Stammbevölkerung Begünstigungen und Bevorzugungen, da sie sich von der Niederlassung deutscher Bauern, Handwerker und Kaufleute angesichts der höheren Leistungsfähigkeit der Zuwanderer eine Belebung der Wirtschaft versprachen. Die deutschen Siedler ackerten bereits mit dem «fortschrittlichen» eisernen Scharpflug, während in ihrer neuen Umgebung noch der hölzerne Hakenpflug in Gebrauch war.

Landesherr im Kulmerland und in Pomesanien, wo die planmäßige Besiedlung nach endgültiger Unterwerfung der Pruzzen (1283) einsetzte, war der Orden. Bevor er Pommerellen erwarb (1309), regierten dort – in Danzig, Dirschau und Schwetz – pomoranische (slawische) Herzöge, die bereits im 12. Jahrhundert die Einwanderung von Deutschen sehr wohlwollend gefördert hatten.

In diesem westlichen Teil des Ordensstaates links der Weichsel kam es jedoch nur im westlichen Randgebiet (in den Kreisen Lauenburg und Bütow), ferner an Danziger Bucht und Weichsel sowie im Südwesten (im Schlochau-Konitzer Gebiet) zur Ausbreitung deutschen Volkstums in Dörfern und Städten.

Ums Jahr 1320 verebbte die erste, die entscheidende deutsche Einwanderungswelle ins Ordensland Preußen, das dann hauptsächlich von den Folgegenerationen der Erstankömm-

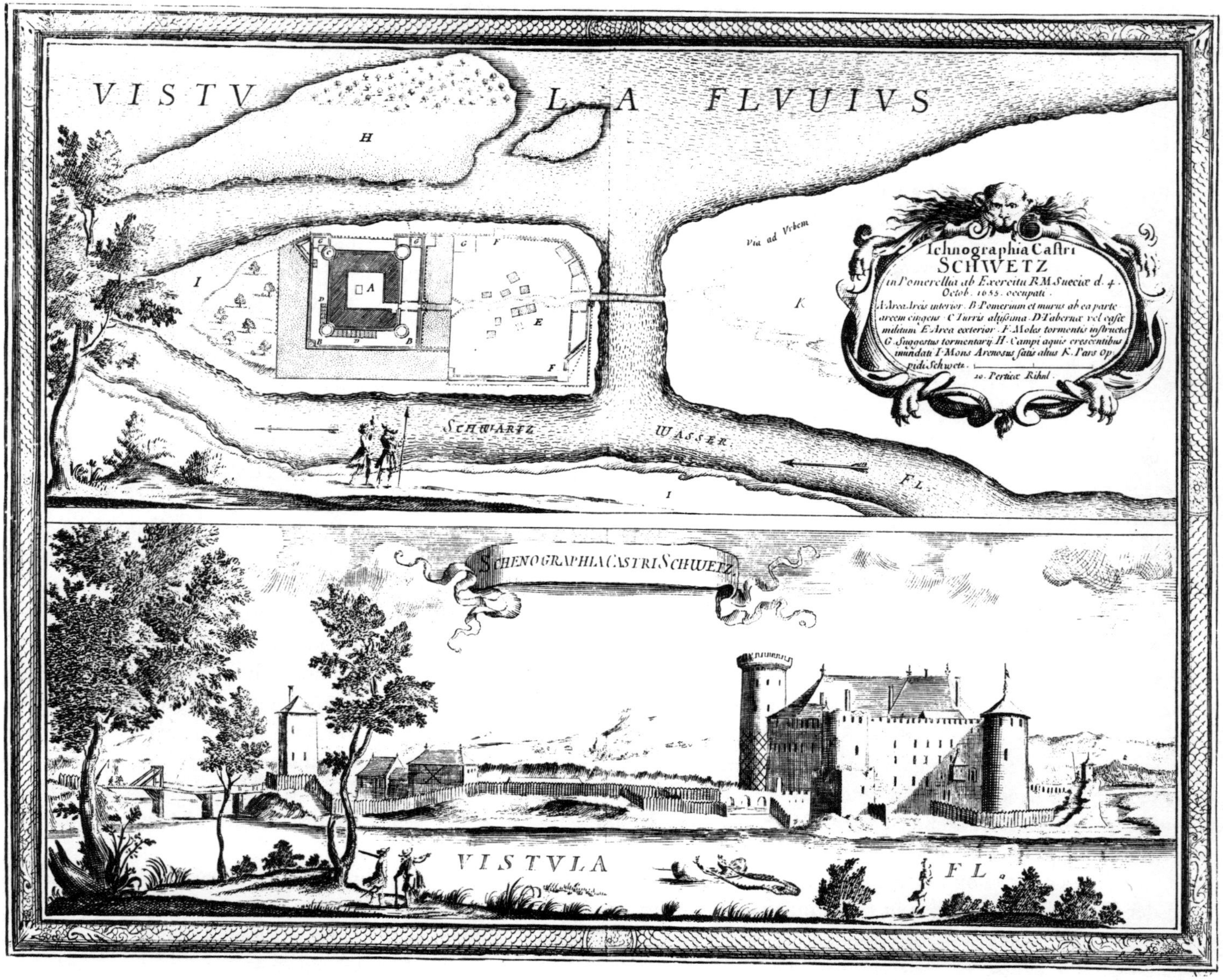

Ordensburg Schwetz an der Weichsel (aus Pufendorf, 1696)

Das Ordensland im 13. Jahrhundert

linge weiter besiedelt wurde, im Zuge sogenannter Binnenwanderung. Auch zur Zeit der polnischen Oberhoheit (1466–1772) kamen noch deutsche Siedler, nicht zuletzt herbeigerufen, um dem während der nicht abreißenden verheerenden Kriegshandlungen entstandenen Bevölkerungsverlust abzuhelfen. Im Dreißigjährigen Krieg und danach retteten sich aus Schlesien und aus dem Wartheland vertriebene Protestanten nach Polnisch Preußen. Dort ließ sich nach Lage der Dinge im Laufe der Zeit eine Polonisierung nicht vermeiden, der besonders – aus Gründen der Anpassung – Angehörige des deutschen Adels unterlagen und der die kleineren Städte auf die Dauer nicht standhalten konnten. Dagegen vermochte die sogenannte Koschneiderei, eine wohl auf die Ordenszeit zurückgehende deutsche Siedlungsinsel von sieben katholisch gebliebenen Dörfern zwischen Konitz und Tuchel, ihr Deutschtum völlig zu bewahren, das zum Zeitpunkt der Übernahme von Polnisch Preußen durch Friedrich II. (1772) auch in den größeren Städten vorherrschte. Als Ganzes betrachtet, war das Gebiet bei der Besitzergreifung noch gut zur Hälfte deutsch.

Das Besiedlungsprogramm des Königs für die neue Provinz hatte keinerlei «Germanisierungstendenzen». Das ist allein daraus ersichtlich, daß bis zum Ende von Friedrichs II. Regierungszeit (1786) im Rahmen dieses Programms nach Westpreußen (415000 Einwohner) und in den Netzedistrikt (etwa 170000 Einwohner) lediglich ein Bevölkerungsanteil von insgesamt 2 v. H. zuwanderte; ein Zustrom von höchstens 12000 Menschen: 30 v. H. aus polnischem Nachbarland mit deutschen Besiedlungsbezirken, 30 v. H. aus dem Süden und Südwesten sowie 40 v. H. aus anderen Gebieten Deutschlands.

Das 19. Jahrhundert brachte dem deutschen Bevölkerungsanteil Westpreußens eine rückläufige Bewegung, verursacht durch Abwanderung in den besseren Verdienst bietenden Westen Deutschlands (Industrialisierung), aber auch durch die zunehmenden Geburtenzahlen bei Polen und Kaschuben. Deren Anteile an der Gesamtbevölkerung der Provinz stiegen zwischen 1831 und 1910 im Regierungsbezirk Danzig von 24 auf 28 v. H., im Regierungsbezirk Marienwerder sogar von 34 auf 41 v. H. Parallel zu dieser Entwicklung setzte in den 1870er Jahren gezielter Erwerb von Grundbesitz durch Polen ein, mit Hilfe eigener Kreditvereine und Erwerbsgenossenschaften.

Zu den Gegenmaßnahmen auf deutscher Seite gehörten die Bemühungen der 1886 gegründeten, bis 1916 tätigen Ansiedlungskommission (Sitz: Posen), deren Hauptaufgabe darin bestand, polnischen Grundbesitz zu für den Verkäufer attraktiven Bedingungen zu erwerben und günstig an deutsche Siedlungswillige zu vermitteln. Polnischerseits antwortete man mit Konkurrenzaktivitäten. Letzten Endes waren die Erfolge der Ansiedlungskommission recht bescheiden. Von den insgesamt aufgekauften 292 westpreußischen Gütern kam nur ein Fünftel aus polnischem Besitz (58), von den 114 Bauernhöfen immerhin fast die Hälfte (55).

Man geriet auf beiden Seiten in das unselige Fahrwasser des Nationalismus. Auf deutscher Seite spielte auch eine nun stärker aufkommende Geringschätzung alles Polnischen mit, wie sie etwa in den abwertenden Bezeichnungen «Polack» (für den Polen), «Polackei» (für sein Land) und «polnische Wirtschaft» (für Unordnung, Schlendrian) deutlich wird. Daß «Polack» nur die Übernahme des polnischen Wortes «Polak» für «Pole» ist, dürfte den meisten Deutschen kaum mehr bewußt (gewesen) sein.

Der polnische Nationalismus führte gegen Ende der «Korridorzeit» (1920–1939), während der bis 1926 eine Massenabwanderung von Deutschen aus ihrer Heimat stattfand, zu immer schärferer Unterdrückung der deutschen Minderheit. Der härtere Gegenschlag blieb 1939, nach dem deutschen Feldzug gegen Polen, nicht aus. Die Bevölkerungsfrage wurde das wichtigste Problem des Reichsgaus Danzig-Westpreußen, ihn «restlos deutsch zu machen» die vorrangige Aufgabe. Nach den Worten des Gaupropagandaleiters Diewerge ging es darum, «durch harte und einschneidende Maßnahmen des Augenblicks eine Befriedung für alle Zukunft zu ermöglichen».

Zu diesen Maßnahmen, welche die nur allzubald in entgegengesetzter Richtung praktizierte «Endlösung des Volkstumsproblems» herbeiführen sollte, gehörten die Enteignung polnischer Höfe und das Abschieben eines Teils ihrer Besitzer ins Deutsche Generalgouvernement Polen, ins deutsch besetzte Restpolen. Mit dem auf diese Weise «gewonnenen» Wirtschaftsraum wurden in erster Linie deutsche Rücksiedler aus dem Baltikum, aus Ostpolen und Bessarabien für die Aufgabe ihres dortigen Besitzes abgefunden, mehr schlecht als recht.

Die Holländer

Bereits Ende des 13. Jahrhunderts hatten holländische Siedler etwa 20 km südöstlich von Elbing an dem in den Drausensee mündenden Weeske-Flüßchen die nach ihnen benannte Stadt Preußisch Holland angelegt, wie die vom Ordenslandmeister Meinhard von Querfurt erteilte Handfeste von 1297 vermerkt.

Auch nach Danzig war im Mittelalter eine ansehnliche Zahl holländischer Zuwanderer gekommen, und noch im 16.

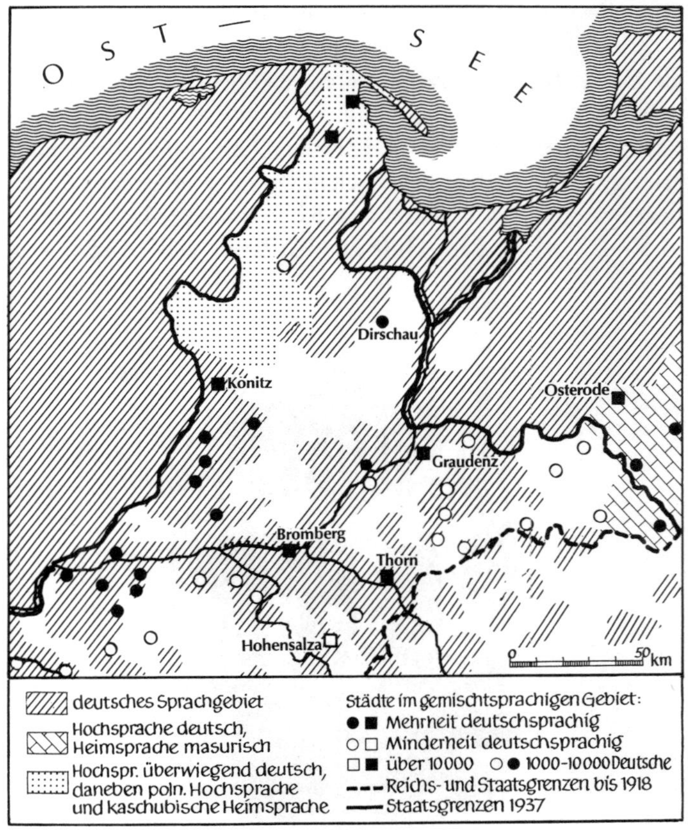

Struktur der deutschen Volkstumsgruppen um 1914/1918

Jahrhundert schlugen dort viele Niederländer ihre Zelte auf. Seit 1492 gab es für sie im Artushof eine eigene «holländische Bank». Die im 13. Jahrhundert in den Handels- und Hansestädten Preußens und Livlands gegründeten Artushöfe, so genannt nach der Tafelrunde des legendären Königs Artus, dienten den geselligen Zusammenkünften der Bürgerschaft, die sich dort in sozial differenzierten Gruppen, den «Banken», zusammenfand. Der infolge von Brandschäden erforderliche Neubau des erstmals 1350 erwähnten Danziger Artushofes, an der Nordseite des Langen Marktes, war 1481 vollendet; im Zuge einer letzten baulichen Umgestaltung erhielt er 1616/17 seine prächtige Fassade. Seit 1742 diente er als Börse. In Thorn gab es bereits 1310, in Elbing seit 1319 einen Artushof.

Als nach dem Ende der Ordensherrschaft (1466) die Weichselniederungen einen erheblichen Bevölkerungsmangel aufwiesen und das dort aufgebaute lebenswichtige Deichsystem in Verfall geriet, kam Hilfe aus Holland. Viele Angehörige des zweiten, gewichtigeren niederländischen Einwandererstroms, der ab 1527 über See das Herzogliche Preußen, die neue Heimat der vor länger als 200 Jahren ausgewanderten Landsleute, erreichte, wechselten bereits 1528 nach Polnisch Preußen über, ins nahe Werdergebiet. Noch vor der Jahrhundertmitte fand sich dort der Hauptschub der eigentlich für das Herzogliche Preußen bestimmten niederländischen Einwanderer ein, weil die Marschenlandschaft des Weichseldeltas den ihnen aus der Heimat vertrauten Lebens- und Arbeitsbedingungen entsprach. Direktzuwanderer aus den Heimatprovinzen folgten.

Der Artushof in Danzig

Die im 16. und 17. Jahrhundert aus den Niederlanden nach Preußen Ausgewanderten waren fast durchgängig Mennoniten, Angehörige jener in ihrer Heimat bis 1572 verfolgten protestantischen Täufer-Sekte, die konsequent die Ableistung von Militär- und Kriegsdienst, die Eidesleistung und die Übernahme obrigkeitlicher Ämter ablehnt.

Die Neueindeichung und Trockenlegung des Danziger Werders, etwa um 1630 fertiggestellt, war das Verdienst dieser eingewanderten Holländer, die sich auch im Kleinen Marienburger Werder sowie in den Weichselniederungen bis hinauf nach Thorn ansiedelten. Mit den Mennoniten gelangte die Anlage des Marschhufendorfs ins Weichseltal, wo bislang das für die mittelalterliche deutsche Ostkolonisation typische Anger- und Straßendorf vorherrschten und die endgültige Erschließung von den Holländerdörfern aus noch bis ins 18. Jahrhundert anhielt. Bereits um 1600 entstand im Norden Pommerellens eine holländische Tochtersiedlung, das in Ostseenähe gelegene Dorf Karwenbruch. Insgesamt belief sich die Zahl der holländischen Einwanderer auf etwa 3000.

Für ihre pazifistische Gesinnung haben sie immer wieder Opfer bringen müssen. Als zum Beispiel die Werder-Mennoniten 1613 den Befehl des Rates der Stadt Danzig zum Waffendienst verweigerten, mußten sie die Befreiung davon durch eine entsprechende Geldzahlung erkaufen. Und wiederum nur für Geld war 1642 vom Polenkönig Wladislaw IV.

ein Privileg zu haben, das ihnen ihre alten Rechte und Freiheiten bestätigte und für alle Zeiten garantierte. Die Nachfolger des vierten Wladislaw haben dieses Privileg, das die kolonisatorische Leistung der Mennoniten in den Werder-Gebieten ausdrücklich hervorhebt, immer wieder erneuert.

Auch Friedrich der Große ließ sich nach der Vereinnahmung Westpreußens recht bald seine Toleranz gegenüber der «unsoldatischen» Einstellung seiner mennonitischen Untertanen bezahlen. Schon im Juni 1774 wird ihnen auf ein entsprechendes Gesuch per Erlaß des Oberpräsidenten der Ost- und Westpreußischen Kriegs- und Domänenkammern mitgeteilt, daß sie sich der «von Sr. Königlichen Majestät ihnen allerhuldreichst zugestandenen Werbe- und Enrollirungs-Freyheit...erfreuen können». Diese Freude kostete sie jährlich 5000 Taler, rückwirkend vom 1. Juni 1773 zahlbar als Beisteuer «zum Behuf einer in West-Preußen zu etablirenden adelichen Cadetten-Schule», die 1775 in Kulm eingerichtet wurde und dort bis 1890 bestand, bis zu ihrer Verlegung nach Köslin (Pommern). Unter Friedrichs Nachfolger mußten die Mennoniten für die Garantie ihrer Befreiung vom Militärdienst noch die Einschränkung des Rechts auf Grundbesitzerwerb in Kauf nehmen, die bis 1867 gültig war.

Mit der Zeit vollzog sich bei den Mennoniten im Hinblick auf Sprache und nationale Haltung eine Assimilierung ans Deutsche, ans Preußische, ohne daß sie deswegen ihre Lebensgrundsätze aufgaben. Sie wurden gute preußische Staatsbürger. 1806, im Jahre des militärischen Zusammenbruchs Preußens, bot der Diakon der Mennonitengemeinde Schönsee, im Großen Marienburger Werder, in Graudenz dem vor Napoleon nach Ostpreußen fliehenden Friedrich Wilhelm III. im Namen der ost- und westpreußischen Mennonitengemeinden ein Geschenk von 30000 Talern an, «zur Unterstützung der Soldaten-Witwen und Waisen oder sonstigen gefälligen Dispositionen». Als Beitrag zu den Preußen auferlegten Kriegskontributionen schossen die Mennoniten 1810 freiwillig 10000 Taler zu. Daß sie aber 1813 des Königs «Aufruf an mein Volk» nicht zu den Fahnen folgten, kostete sie 25000 Taler und 500 Pferde als Beitrag zur Aufstellung der Landwehr. Aber man höre und staune: Sie legten aus freien Stücken noch 60000 Gulden und 5000 Ellen Leinwand drauf. 1867 hob die Norddeutsche Bundesverfassung ihre Militärbefreiung auf, stellte aber wenig später den Dienst mit der Waffe in ihr Belieben, womit es im Zweiten Weltkrieg endgültig vorbei war.

Mennonitenkirche in Ober Nessau, Kr. Thorn

Die Gesamtzahl der Mennoniten betrug in Deutschland um 1900 etwa 20000; allein über die Hälfte davon lebte in der Provinz Westpreußen, hauptsächlich im Weichseldelta. Auch ihnen brachte das Jahr 1945 den Verlust der Heimat. Nicht wenige wanderten darauf nach Südamerika aus.

Die Juden

Auch die Juden waren auf der Bevölkerungspalette Westpreußens vertreten, aber erst seit der Neuzeit. Im Mittelalter durften sie sich, von wenigen Ausnahmen abgesehen, in den Gebieten des späteren Westpreußen, die damals Teile des

Ordensstaates waren, weder aufhalten noch niederlassen. Auch in dem bis 1772 und dann noch von 1806 bis 1815 polnischen Südwesten unserer Provinz traten sie erst im 15. Jahrhundert in Erscheinung, nach dem Ende der Ordensherrschaft. Nun fand aus Südpolen jüdische Zuwanderung nach Polnisch Preußen statt, die aber bis zur Übernahme des Gebietes durch Friedrich II. (1772) recht bescheiden blieb. Zu jenem Zeitpunkt lebten in Polnisch Preußen 3600 Juden, was 1,1 v.H. der Gesamtbevölkerung dieses Gebietes entsprach. In dessen südwestlichem Teil wohnten sie überwiegend in den Städten, im einstigen ordensstaatlichen Gebiet auf dem Lande, als Wanderhändler, Gastwirte, Branntweinbrenner und Geldverleiher. Auf die Vorstädte von Danzig aber entfiel gut ein Drittel der jüdischen Einwohner Polnisch Preußens, die im allgemeinen in wirtschaftlich bescheidenen Verhältnissen ein von der übrigen Bevölkerung abgekapseltes Dasein führten, das typische Ghetto-Leben der osteuropäischen orthodoxen Judenheit.

Das Jahr 1772 brachte für die westpreußischen Juden einschneidende Veränderungen. Auch auf sie fand nun gar bald das keineswegs den Geist der Toleranz atmende preußische Generaljudenreglement von 1750 Anwendung. Die Besitzlosen unter ihnen, und das war in Westpreußen der größere Teil der Kinder Israels, wurden ins innere Polen ausgewiesen. Für ihre etwaigen Schulden mußten nach einem Erlaß der Westpreußischen Kriegs- und Domänenkammer in Marienwerder alle Juden aufkommen, die mehr als 100 Taler Vermögen besaßen. Der verbleibende jüdische Bevölkerungsanteil hatte in die Städte zu ziehen.

1772 trieb etwa die Hälfte der westpreußischen Juden Handel, ein Drittel war Handwerker. Allerlei einschränkende Erlasse und Bestimmungen hinsichtlich der Berufsausübung hatten zur Folge, daß zu Beginn des 19. Jahrhunderts dieses Verhältnis sich drastisch verändert hatte: nun waren über 90 v.H. der Juden mit Handel beschäftigt und nur noch 5 ½ v.H. als Handwerker tätig. Die 1812 in Preußen in Kraft tretende, sich allerdings erst um die Jahrhundertmitte voll auswirkende Judenemanzipation beseitigte dieses Mißverhältnis. Zuvor aber waren mit der Duldung dieser Außenseiterminderheit die verschiedensten Auflagen verbunden, Gebote und Verbote, darunter manche recht eigenartig anmutenden. So hatten die westpreußischen Juden bei Verheiratung 10 Taler in Gold an das Militärwaisenhaus in Potsdam zu zahlen und die Regierung zu einem vorgeschriebenen Preis mit – Pferdehaaren zu beliefern, die wohl in erster Linie bei der Anfertigung der Helmbüsche fürs Militär Verwendung fanden.

Mit der Emanzipation von 1812 war den Juden der Weg aus der Ghetto-Existenz hinaus geebnet, und es begann der langsame Prozeß der Eingliederung in die nichtjüdische Umwelt. Bei den Wohlhabenden unter den westpreußischen Juden vollzog er sich schneller und problemloser als bei der Großzahl ihrer ärmeren Glaubensgenossen im Südwesten und Südosten der Provinz, die im Kielwasser des polnischen Volkstums verblieben und mit der Zeit zum Gegenstand nachsichtigen Spottes ihrer «angepaßten» Stammesgenossen wurden. Die gingen im Laufe des 19. Jahrhunderts mit dem deutschen Volkstum Westpreußens und seiner Kultur eine zunehmend engere Bindung ein und sind, wie ein Kenner der Verhältnisse 1918 festhält, «in politischer und kultureller Beziehung eine Stütze des Deutschtums geworden». Sie erfreuten sich der Achtung und Wertschätzung ihrer nichtjüdischen Umwelt. Daß 1832 bei der Weihe der zwei Jahre zuvor erbauten Synagoge in Marienwerder ein evangelischer Geistlicher die Festrede hielt und der evangelische Domkirchenorganist die Festmusik dirigierte: das war wohl mehr als nur eine formelle Reverenz an die Angehörigen der Mutterreligion des Christentums.

Nicht wenige Persönlichkeiten des geistigen Lebens, die in Westpreußen zur Welt kamen, sind jüdischer Herkunft. Stellvertretend für sie alle sei hier der aus Danzig stammende Jurist Ernst Morwitz (1887–1971) genannt, Kammergerichtsrat und Senatspräsident in Berlin. Als einer der engsten Vertrauten von Stefan George übermittelte er 1933 die Absage des Dichters an das sich um ihn bemühende NS-Kultusministerium. Auch im Exil, seit 1938, hat er seinen Dienst am Werk Georges fortgesetzt, unter anderem mit dem akribischen Großkommentar zum Gesamtwerk des Dichters.

1816 lebten in Westpreußen 5619 Juden; 1858 waren es infolge anhaltender Zuwanderung in die südlichen Gebiete der Provinz 25899. 1871 hatte rechts der Weichsel der Kreis Strasburg den größten jüdischen Bevölkerungsanteil (3,4 v. H.); links der Weichsel entfiel er auf die Kreise Deutsch Krone, Flatow und Konitz (3 bis 4 v. H.). Die besonders nach 1871 zu verzeichnende starke Abwanderung jüdischer Mitbürger aus Westpreußen, hauptsächlich nach dem Westen Deutschlands, bedingte einen Rückgang des jüdischen Bevölkerungsanteils: um etwa ein Drittel im Regierungsbezirk Danzig, um etwa die Hälfte im Regierungsbezirk Marienwerder (bis 1910).

Soweit sie sich nicht rechtzeitig ins Ausland retten konnten, erreichte auch die jüdischen Mitbürger Westpreußens nach 1933 bzw. nach Wiedereingliederung der im Versailler Vertrag abgetretenen Gebiete (polnischer Korridor) jenes grausame Schicksal, das der deutsch-jüdischen Symbiose ein Ende setzte.

DATEN VON BEDEUTUNG

Die Geschichte Westpreußens soll hier als chronologische Zusammenstellung von Ereignissen festgehalten werden, die im Verlauf der letzten zweieinhalb Jahrtausende für das Land an der unteren Weichsel von Bedeutung waren.

Etwa *300–150 v. Chr.* weitgehende Entvölkerung des unteren Weichsellandes infolge Abwanderung von dort seit Jahrhunderten ansässigen Ostgermanen.

Seit etwa *150 v. Chr.* neue nordgermanische Zuwanderung aus Bornholm, Südskandinavien und wohl aus Jütland (Burgunder, Rugier, Wandalen).

Um *Christi Geburt* erneute nordgermanische Zuwanderung aus Südschweden (Goten und die gotischen Gepiden).

Seit etwa *200 n. Chr.* wandern Goten und Gepiden südostwärts ab und verdrängen dabei die Wandalen.

Seit dem *5. Jahrhundert* verlagern die Pruzzen, am weitesten westlich siedelnde Altbalten, ihr Wohngebiet, etwa das spätere Ostpreußen, bis zur Weichsel und zum Teil darüber hinaus.

Seit etwa *600* rücken westslawische Einwanderer in die von den Germanen verlassenen Gebiete nach, bis zum Westufer der Weichsel und bis ins Kulmerland.

Im *9./10. Jahrhundert* hinterlassen die Wikinger auch an der unteren Weichsel Spuren ihrer Fahrten.

997 Märtyrertod Bischof Adalberts von Prag im Pruzzen- oder Preußenland auf einer Missionsfahrt zu dessen «heidnischen» Bewohnern.

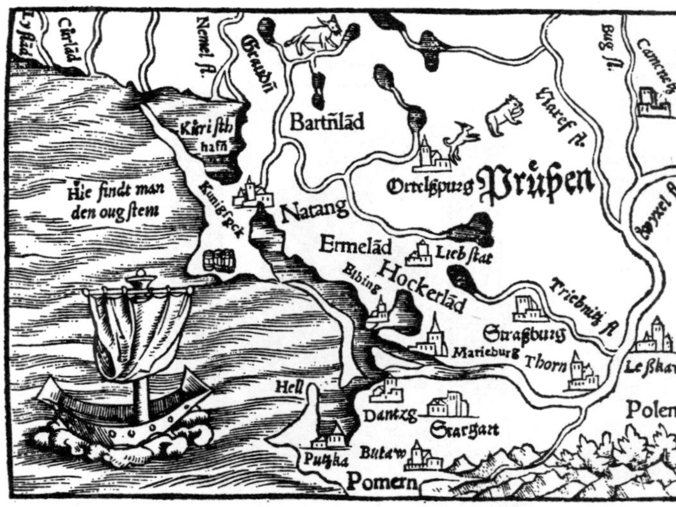

Altpreußen (Seb. Münster, Cosmographia, 1544)

Etwa *1000–1150* kommt es zu fortwährenden kriegerischen Auseinandersetzungen in Pommerellen, dem Großteil des westlich der Weichsel liegenden Teils von Westpreußen, und zwar zwischen Pomoranen (Kaschuben) und den ihnen stammverwandten Polen.

Nach *1150* Beginn der deutschen Ostsiedlung in Pommerellen.

Um *1175* gründen deutsche Zisterzienser das Kloster Oliva.

1198 Geburtsstunde des Deutschen Ritterordens durch Erhebung der bei der Belagerung von Akkon (Palästina) von Bremer und Lübecker Kaufleuten gebildeten Hospitalgenossenschaft in den Rang eines geistlichen Ritterordens. – Deutsche Johanniter erhalten ausgedehnten Besitz in Pommerellen, um Schöneck und Stargard.

Seit *1200* Wiederbeginn der Versuche kriegerischer Missionierung des Pruzzenlandes durch Polen.

Winter *1225/26* Hilfeersuchen des Polenherzogs Konrad von Masowien (auch Herr von Kujawien und des Kulmerlandes) an den Deutschen Ritterorden gegen kriegerische Pruzzen-Einfälle.

Ordenshochmeister Hermann von Salza
(aus Henneberger, 1595)

März *1226* erhebt Kaiser Friedrich II. durch die Goldene Bulle von Rimini den Ordenshochmeister Hermann von Salza († 1239) in den Rang eines geistlichen Territorialfürsten und garantiert dem Orden den Besitz des ihm von Konrad von Masowien versprochenen Kulmerlandes sowie aller weiteren Eroberungen in Preußen.

Im Frühjahr *1231* überquert Hermann Balk, erster Ordenslandmeister in Preußen, mit sieben Ordensbrüdern und einer Kreuzfahrerschar die Weichsel bei Nessau. Gründung von Burg und Stadt Thorn.

1233 erhalten Thorn und das im Vorjahr gegründete Kulm ihr Stadtprivileg in Gestalt der sogenannten Kulmer Handfeste, der Grundlage des hauptsächlich im Ordensstaat gebräuchlichen mittelalterlichen Stadt- und Landrechts. Weiterhin planmäßige Anlage von Städten und Dörfern.

1234 läßt sich der Deutsche Orden auch vom Papst den Besitz des Kulmerlandes sowie künftiger Eroberungen in Preußen übertragen. Ziel: Errichtung eines autonomen Staates.

1253 Abschluß der Unterwerfung des westlichen Preußenlandes (Pomesanien) nach verschiedenen Aufständen der Pruzzen.

1283 Abschluß der Unterwerfung des ganzen Preußenlandes.

1309 erwirbt der nach Aussterben der Herzöge von Pommerellen in den um deren Land zwischen Brandenburg und Polen ausgebrochenen Streit hineingezogene Orden dieses Gebiet als letzten bedeutenden Zuwachs seines Territoriums für 10000 Mark Silber. Die Marienburg wird Sitz des Hochmeisters. Beginn der Blüte des Ordensstaates. Höhepunkt der Zuwanderung deutscher Siedler.

1343 entsagt im Frieden von Kalisch, der die 1327 begonnene kriegerische Auseinandersetzung Polens mit dem Orden wegen Pommerellens beendet, Polenkönig Kasimir der Große endgültig allen Ansprüchen auf Pommerellen und das Kulmerland.

1386 schafft die Vereinigung Polens mit Litauen eine europäische Großmacht und neue Bedrohung für den Ordensstaat.

1409 Ausbruch des Krieges zwischen dem Orden und Polen-Litauen.
1410 katastrophale Niederlage des Ordens in der Schlacht von Tannenberg (Grunwald). Die Marienburg kann gehalten werden.
1411 Erster Thorner Frieden.
1440 schließen mit der autoritären Ordensherrschaft unzufriedene Ritter und Städte in Marienwerder zur Wahrung ihrer Rechte und Vorrechte den sogenannten Preußischen Bund.
1454 Aufstand des Preußischen Bundes gegen den Orden. Der Bund trägt Kasimir IV. von Polen die Schutzherrschaft über Preußen an. Beginn eines 13jährigen Krieges zwischen Polen und Preußischem Bund gegen den Orden, der bis auf Marienburg, Stuhm und Konitz sofort alle seine Burgen verliert, jedoch bei Konitz über das Polenheer siegt.
1457 zwingen Ordenssöldner den Hochmeister zum Verlassen der ihnen als Soldgarantie zusammen mit anderen Burgen verpfändeten Marienburg, die sie dem König von Polen verkaufen. Der Hochmeister residiert von da an in Königsberg.
1466 muß im Zweiten Thorner Frieden der Orden Pommerellen, das Kulmerland sowie das Gebiet von Elbing, Marienburg, Stuhm und Christburg (also fast ganz Westpreußen) abtreten. Das Bistum Ermland wird selbständig. Weitgehende Autonomie der Handelsstädte Danzig, Elbing und Thorn. Beschränkung des Ordensstaates auf das Gebiet von Ostpreußen mit den späteren westpreußischen Kreisen Marienwerder und Rosenberg. Verpflichtung der Hochmeister, dem polnischen König Treueid und Heeresfolge zu leisten.
1520/21 Markgraf Albrecht von Brandenburg-Ansbachs (letzter Ordenshochmeister) unglücklich verlaufender Krieg (sogenannter Reiterkrieg) gegen Polen im Ermland und an der unteren Weichsel zwecks Wiedereroberung des 1466 verlorenen westlichen Preußen.

Das Erste Buch.

Des Teütschen Cülmischen Rechts.

Corrigirt.

Von Rahtmanne / und Bürgermeister Köhre. Cap. I.

DA man die Stadt Culme zum ersten mit wissen/ und willen der Herrschafft besetzete/ und ihnen gab Weichbild Recht; Da gab man ihnen selbst das Recht nach ihrer eigen Willkühre. Als wurden sie zu Raht/ wehleten Rahtmanne/ und Scheppen/ die schwuren/ und schweren noch alle Jahr/ wann man Sie kieset/ oder Köhre hält/ der Stadt ihren Fromen/ und Recht zu bewahren/ auffs beste Sie können/ und mögen/ mit verständigster Leüthe Raht. Die Rahtmanne kiesen Einen/ zwey/ drey/ oder vier Bürgermeister unter ihnen/ nach eines jederen Orts eingeführten Gebrauch. Es sollen aber/ die da Scheppen/ Rahtleüthe/ oder Bürgermeister wehlen/ ihren Eyd bewahren/ daß sie nicht kiesen/ durch Gab/ Furcht/ Zorn/ oder Gunstwillen; als ob jemand ihnen mit naher Mageschafft/ oder sonderlicher Freündtschafft verwädt were.

Weichb. Art. 42. & 43.

Das ist durch einen Gebrauch abgethan: und wird jetzund anders gehalten.

Formâ juramenti vide in Gloss. d. art. 42. Dieß ist im alten nicht Weich. Art. 42. in gloss.

Wie die Alten Rahtmannen die Neüen gewaldigen. Cap. 2.

Wan die Alten Rahtmanne die neüen gekohren haben/ so geloben die Neüen Rahtmanne/ daß sie den Alten nichts abnehmen wollen/ oder veränderen in dem/ das sie bey ihren Zeiten von der Stadt gethan/ und gehandelet haben. Vnd wann das geschen/ so gewaldigen die alten Rahtmanne die neüen/ und setzen sie* zu ihnen in den Raht.

Der alte Culm hat an ihre Statt/ oder stelle.

Aus einer revid. Ausgabe des «Alten Culm» (18. Jh.)

1521 Beendigung der Feindseligkeiten durch den vierjährigen Waffenstillstand von Thorn.
1525 Säkularisierung des Restordensstaates. Im Frieden von Krakau wird Hochmeister Albrecht vom Polenkönig gegen Leistung des Lehnseids für sich und seine Erben als erblicher Herzog in Preußen anerkannt. Einführung der Reformation in Preußen.
1569 verliert «Polnisch Preußen» (Westpreußen) auf dem Reichstag zu Lublin seine Autonomie; Umwandlung der bisherigen Personalunion in eine Realunion mit Kronpolen.
1618 Tod von Herzog Albrechts Sohn und Nachfolger. Dessen Schwiegersohn, Kurfürst Johann Sigismund von Brandenburg, wird Herzog von Preußen.
1626–1629 ist Westpreußen Kriegsschauplatz im Ersten Schwedisch-Polnischen Krieg. 1629 Abschluß eines sechsjährigen Waffenstillstands in Altmark bei Stuhm zwischen Schweden und Polen, Brandenburg und Danzig.
1635 Verlängerung dieses Waffenstillstands in Stuhmsdorf um 26 Jahre; das Herzogtum Preußen erhält alle schwedischen Eroberungen zurück.
1655–1660 Zweiter Schwedisch-Polnischer Krieg. Für sein Verbleiben auf schwedischer Seite erhält der Große Kurfürst 1656 im Vertrag von Labiau die schwedische Anerkennung seiner Souveränität in Preußen und im Ermland, 1657 im Vertrag von Wehlau nach Frontwechsel zugunsten Polens von diesem die Anerkennung seiner Souveränität in Preußen, das nach Aussterben der brandenburgischen Hohenzollern an Polen fallen soll (1701 Verzicht auf diesen Anspruch durch König August II., den Starken).
1660 garantieren die europäischen Großmächte im Frieden von Oliva dem Großen Kurfürsten die Souveränität in Preußen.
1701 wird Kurfürst Friedrich III. von Brandenburg und Herzog von Preußen als Friedrich I. König *in* Preußen; der Name des Herzogtums geht auf den Gesamtstaat über.
1703 werden Elbing und sein Territorium im Nordischen Krieg (1700–1721), der auch Westpreußen zum Kriegsschauplatz macht, vom Polenkönig an Preußen verpfändet.
1709 beraten Preußens König, Rußlands Zar und Polens Feldmarschall in Marienwerder über die Fortsetzung des Krieges gegen Schweden.
1716 Truppenschau Zar Peters I., des Großen, in Danzig über 10000 Mann.
1724 sogenanntes Thorner Blutgericht: Zusammenstöße zwischen Thorner Protestanten und Katholiken (Jesuiten) bei der Fronleichnamsprozession führen zur öffentlichen Enthauptung des Stadtpräsidenten und neun weiterer Bürger (Urteil des Warschauer Hofgerichts).
1758–1762 ist Westpreußen Durchzugs- und Besetzungsgebiet im Siebenjährigen Krieg. Der russische Gouverneur residiert in Marienwerder in einem eigens für ihn erbauten Palais.
1772, Juni. Friedrich der Große in Marienwerder zur Regelung von Verwaltungsfragen angesichts der im Zuge der Ersten Polnischen Teilung bevorstehenden Übernahme der Palatinate (Woiwodschaften) Pommerellen, Kulmerland und Marienburg (= etwa Westpreußen ohne Danzig und Thorn mit ihren Gebieten), des Ermlands und des Netzedistrikts. – 13. September: Besitzergreifungspatent. Friedrich II. nennt sich von nun an König *von* Preußen.
1773 erhält durch Kabinettsorder vom 31. Januar die aus den «besitzergriffenen» Territorien (ohne Ermland) gebildete neue Provinz den Namen «Westpreußen», die bisherige Provinz Preußen, zu der das Ermland geschlagen wird, den Namen «Ostpreußen».
1793 fallen in der Zweiten Polnischen Teilung an Preußen u.a. Danzig und Thorn, die Westpreußen eingegliedert werden.
1795 bringt die Dritte Polnische Teilung Preußen erneut großen Gebietszuwachs und macht es zum Zweivölkerstaat: von den 7 ½ Millionen seiner Einwohner sind 3 ½ Millionen Polen.

HET TONEEL VAN 'T SCHRIKKELYK TREUR-SPEL UYTGEVOERT DOOR DE JESUITEN TOT THOORN.

«Thorner Blutgericht» 1724 (holl. Übers. einer engl. Flugschrift, Amsterdam 1725)

1806 Krieg Frankreichs gegen Preußen und Rußland, der nach Preußens Niederlage im Oktober, in den Schlachten bei Jena und Auerstedt, Westpreußen ab Jahresende schwere Besatzungszeiten aufbürdet.

1807 nimmt Napoleon vom 1. April bis 6. Juni Quartier auf Schloß Finckenstein. Ende Mai Kapitulation Danzigs, nach Belagerung seit Januar. Im Juni Sieg der Franzosen über die Russen und Preußen bei Friedland (Ostpreußen). Im Frieden

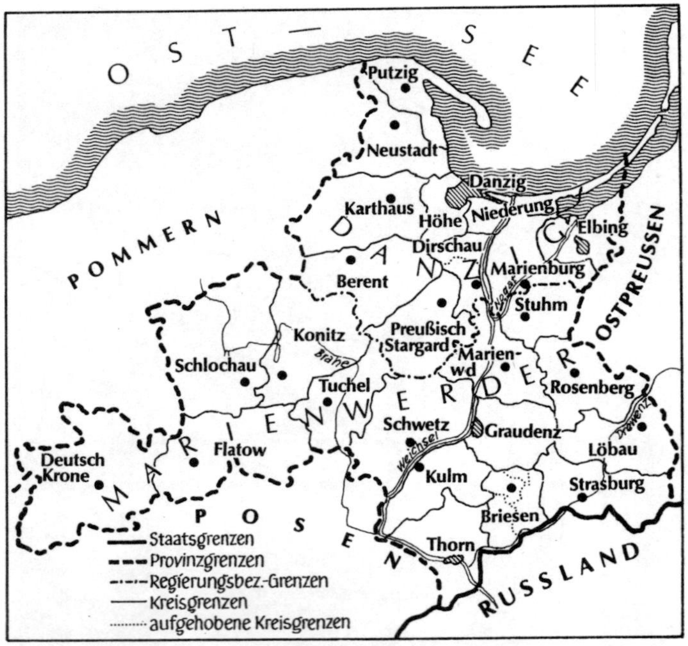

Westpreußen (1815) 1878–1920

von Tilsit (Juli) verliert Preußen von Westpreußen das Kulmerland mit Thorn (außer Graudenz, dessen Festung sich bis zuletzt gehalten hatte) sowie den Netzedistrikt, bis auf dessen nordwestlichen Teil, die Kreise Deutsch Krone und Kamin; ferner die in der Zweiten und Dritten Polnischen Teilung gewonnenen Gebiete (Südpreußen und Neuostpreußen). Aus den verlorenen Territorien, mit Ausnahme des an Rußland fallenden Kammerdepartements Bialystok (= östliches Neuostpreußen), entsteht von Napoleons Gnaden das Großherzogtum Warschau. Danzig wird «Freistaat» unter einem französischen Gouverneur (bis Ende 1813).

Bis *1814* im Zuge des Wiederaufbaus Preußens wichtige Reformen durch Stein und Hardenberg: Aufhebung der Erbuntertänigkeit der Bauern (Oktober 1807), Einführung der Selbstverwaltung der Bürgerschaft durch eine neue Städteordnung (1808), Juden-Emanzipation (1812), Säkularisierung des geistlichen Besitzes (1814). Anfang Februar 1814 kehrt das von Januar bis November 1813 von russischen, ab Juni auch von preußischen Truppen belagerte Danzig unter preußische Herrschaft zurück und wird der westpreußischen Regierung in Marienwerder unterstellt.

1815 erhält Preußen nach Auflösung des Großherzogtums Warschau auf dem Wiener Kongreß die 1807 verlorenen westpreußischen Gebiete zurück, von denen der einstige Netzedistrikt (ohne die 1807 bei Westpreußen verbliebenen Kreise Deutsch Krone und Flatow) mit dem ebenfalls wiedergewonnenen Westteil von Südpreußen nun die preußische Provinz Posen bildet.

1816 tritt die durch Gesetz von 1815 beschlossene Neugliederung Westpreußens in Kraft. – Hans Memlings während der französischen Besetzung Danzigs nach Paris geschafftes Altartriptychon vom Jüngsten Gericht kehrt in die Marienkirche zurück. 1945 Beschlagnahme dieses berühmten Werkes spätgotischer Malerei im Auslagerungsort in der Rhön durch die Sowjets, 1956 Rückkehr aus der Sowjetunion nach Danzig, ins staatliche Muzeum Pomorskie.

1824 Vereinigung der Provinzen Ost- und Westpreußen zur «Provinz Preußen».

1860 Fertigstellung der Ostbahn, die von Berlin durch West- und Ostpreußen bis nach Eydtkuhnen führt, Grenzort gegen Rußland.

1878 werden Ost- und Westpreußen wieder eigene Provinzen.

1904 Eröffnung der Technischen Hochschule in Danzig.

1916 Proklamation eines polnischen Staates (als Königreich) durch die Mittelmächte.

1918 Wiedergeburt Polens (als Republik).

1920 Inkrafttreten des Friedensvertrages von Versailles (10. Januar), Zerreißung Westpreußens. Der Großteil des Gebiets links der Weichsel (Pommerellen) und das Kulmerland werden an Polen abgetreten (Polnischer Korridor), das dadurch Zugang zur Ostsee erhält. Danzig wird mit seinem Hinterland (annähernd 1900 qkm) ein unter den Schutz des Völkerbundes gestellter Freistaat. Im Westen und Südwesten der Provinz verbleiben die Kreise Deutsch Krone sowie die größeren Teile der Kreise Flatow und Schlochau bei Deutschland; sie bilden 1922 zusammen mit nordwestlichen und westlichen Randstücken der ebenfalls abgetretenen Provinz Posen die neue Provinz Grenzmark Posen-Westpreußen. Das östlich von Weichsel und Nogat gelegene westpreußische Gebiet wird, nach Abstimmung (11. Juli 1920) in vier Kreisen, als Regierungsbezirk Westpreußen der Provinz Ostpreußen angegliedert.

1938 Auflösung der Provinz Grenzmark Posen-Westpreußen; ihr westpreußischer Gebietsanteil, ferner der Stadtkreis Schneidemühl (ehemals Provinz Posen), der aus Teilen dreier ehemals Posenscher Kreise gebildete Netzekreis sowie je zwei Kreise der Provinz Mark Brandenburg und Pommern werden als Regierungsbezirk Grenzmark Posen-Westpreußen zur Provinz Pommern geschlagen.

1. September *1939* Ausbruch des Zweiten Weltkrieges mit dem Beschuß polnischer Festungsanlagen auf der Halbinsel Westerplatte (bei Danzig) durch das deutsche Schulschiff «Schleswig-Holstein». Nach Niederwerfung Polens Wiederentstehen der Provinz Westpreußen als Reichsgau Danzig-Westpreußen, im Süden vergrößert durch zwei Kreise des Regierungsbezirks Bromberg der ehemaligen Provinz Posen (Wirsitz und Bromberg) sowie durch die polnischen Kreise Lipno (Leipe) und Rypin (Rippin). Die einst westpreußischen Teile des Regierungsbezirks Grenzmark Posen-Westpreußen verbleiben bei diesem und damit bei Pommern.

1945 besiegelt die Endphase des Zweiten Weltkrieges auch das Schicksal Westpreußens. Der Großteil der deutschen Bevölkerung flieht vor den anrückenden sowjetischen Truppen nach Westen. Das Potsdamer Abkommen vom 2. August stellt die deutschen Gebiete östlich der Oder-Neiße-Linie unter polnische bzw. sowjetische Verwaltung, vertagt die endgültige Festlegung der polnischen Westgrenze bis zu einem Friedensvertrag und beschließt gleichzeitig die in den Folgejahren durchgeführte «Umsiedlung» der in jenen Gebieten noch lebenden Deutschen nach Rest-Deutschland.

VERWALTUNG IM WANDEL

Verwaltung muß sein. Besonders dann, wenn sie lange Zeit vernachlässigt worden ist, so wie in dem 1772 von Friedrich dem Großen erworbenen Westpreußen. In den 300 Jahren polnischer Herrschaft war das einst blühende Land immer mehr heruntergekommen, was in hohem Maße auf das Schuldkonto des nur auf Vermehrung seiner Rechte und seines Besitzes bedachten Adels geht; allerdings auch auf die Verheerung des Landes während zahlreicher Kriegszüge zurückzuführen ist.

Als Westpreußen «unter Preußens Botmäßigkeit kam, herrschte dort noch Gesetzlosigkeit, Verwirrung und Unordnung... Man fing mit der Abschätzung der Ländereien an, um die Abgaben zu ordnen... Man führte in diesem wilden und rauhen Lande Posten (Polizei) und besonders Gerichtshöfe ein, welche man bisher in diesen Gegenden kaum dem Namen nach kannte. Man veränderte viele ebenso seltsame wie unnatürliche Gesetze... Alle landwirtschaftlichen Häuser waren baufällig; es kostete mehr als 300000 Taler, um sie wieder instand zu setzen. Die Städte befanden sich im elendesten Zustande... Ihr Verfall rührte noch von 1709 her, als die Pest das Land verheerte. Man wird kaum glauben, daß in diesen unglücklichen Gegenden ein Schneider etwas Seltenes war. Man mußte in allen Städten Schneider und ebenso Apotheker, Stellmacher, Tischler und Maurer ansiedeln. Diese Städte wurden wieder erbaut und bevölkert.» So Friedrich der Große in seinen «Denkwürdigkeiten».

Die während der folgenden 35 friedlichen Jahre in Westpreußen geleistete Aufbauarbeit ist in hohem Maße ein Verdienst der Verwaltung. Die neue Provinz mit ihren 43 Städten, für die man vier jeweils einem Kriegs- und Steuerrat unterstehende Inspektionskreise festlegte, wurde zunächst in sieben landrätliche Kreise eingeteilt. Rechts der Weichsel umfaßte die alte Landschaft Pomesanien den Kreis Marienwerder, gebildet aus den ostpreußischen Ämtern Marienwerder und Riesenburg sowie aus den Gräflich Finckensteinschen Erbämtern Schönberg und Deutsch Eylau, des weiteren, als Kreis Marienburg, den westlichen Teil der einstigen gleichnamigen Woiwodschaft, zu der auch das Ermland gehörte. Aus der Woiwodschaft Kulm, also dem Kulmerland, wurden die

Westpreußen 1772/1793

Kreise Kulm und Michelau. Den Provinzanteil links der Weichsel, Pommerellen, die größte aus dem 1466 verlorengegangenen Ordensgebiet entstandene Woiwodschaft, gliederte man in die Kreise Dirschau, Stargard und Konitz. 1793 kamen noch die Städte Danzig und Thorn mit ihren Territorien hinzu, 1807 vom Netzedistrikt die nördlichen Teile der Kreise Deutsch Krone und Kamin.

Die Wahl des Verwaltungsmittelpunkts für ganz Westpreußen fiel auf die westlichste Stadt des Restordensstaates von 1466 – Marienwerder. Bereits im September 1772 wurde dort, zunächst im alten Domkapitelschloß, das Oberhof- und Landesgericht (Justizkollegium) eingerichtet, das auch die Kirchen- und Schulangelegenheiten wahrnahm und 1773 die Bezeichnung «Westpreußische Regierung» erhielt. Im November (1772) nahm die Kriegs- und Domänenkammer ihre Arbeit auf, eine für die Verwaltung der Domänen, für Steuer-, Polizei-, Handels- und mancherlei Rechtsangelegenheiten zuständige Behörde; sie bezog das im Siebenjährigen Krieg für den russischen Besatzungsgouverneur erbaute Palais, das sogenannte Gouvernementshaus. In diesem hatte König Friedrich Quartier genommen, als er im Juni 1772 nach Marienwerder gekommen war, um dem Präsidenten Domhardt, Chef der beiden ostpreußischen Kriegs- und Domänenkammern, die Organisation einer solchen Verwaltungsbehörde auch für Westpreußen aufzuhalsen. Als Oberpräsident aller drei preußischen Kammern hat der überaus verdienstvolle Verwaltungsexperte diese Aufgabe erfolgreich gemeistert. Zu ihr gehörte zusätzlich die «Beschäftigung» mit dem Netzedistrikt, mit den Kreisen Bromberg, Inowrocław (Hohensalza), Kamin, Deutsch Krone und ihren 47 Städten. Dieses Gebiet von rund 12 130 qkm, größer als die Hälfte des «eigentlichen» Westpreußen (rund 21 600 qkm), erhielt anfänglich eine gewisse eigenständige Verwaltung in Gestalt eines Hofgerichts und einer Kammerdeputation in Bromberg, die aber seit 1775 der zentralen Verwaltung in Marienwerder unterstanden.

Zu deren Kompetenz gehörten auch vorübergehend die Justiz- und Kirchenangelegenheiten der Herrschaften Lauenburg und Bütow, die Polen im Warschauer Vertrag vom 18. 9. 1773 an Preußen erb- und eigentümlich hatte abtreten müssen. In der ersten Hälfte des 13. Jahrhunderts in den Besitz des Ordens gelangt, waren sie während des Zusammenbruchs des Ordensstaates an Polen gefallen, der sie im Zweiten Thorner Frieden (1466) als Pfandbesitz den Herzögen von Pommern überließ. Nach deren Aussterben (1637) fielen die beiden Ländchen an Polen zurück, aber nicht für lange; 1657 kamen sie in den Verträgen von Wehlau und Bromberg, zu denselben Bedingungen wie 1466, an das Kurhaus Brandenburg und wurden schließlich 1777 Pommern einverleibt.

Bei seinen insgesamt elf Inspektionsreisen nach Westpreußen nahm der König bis 1776 in Marienwerder in dem zuvor erwähnten Gouvernementshaus Aufenthalt, danach bei Graudenz, in einem für ihn errichteten bescheidenen Häuschen auf dem Schulzengut des Dorfes Mokrau. Da er im Anfang auf die Arbeit des Verwaltungsapparats der neuen Provinz persönlich Einfluß nahm, war, wie der Kriegsrat Scheffner in seinen Lebenserinnerungen schreibt, «König Friedrich selbst der eigentliche Oberpräsident der Marienwerderschen Kammer, obgleich Herr von Domhardt diesen Titel führte»; und daher «ging alles einen sehr raschen Schritt, kurze Berichte, immer nur auf einer Folioseite, und prompte Bescheide, mehrenteils mit umlaufender Post.»

Dieses persönliche Eingreifen des Königs bedeutete eine Zusatzbelastung für den ohnehin überbeanspruchten Oberpräsidenten. Zudem waren Friedrichs «prompte Bescheide», meist eigenhändige Randbemerkungen zu den Vorgängen, nicht selten verletzend oder gar beleidigend. So versah er eine Kabinettsorder, die das Gesuch der Marienwerderer Kammer um Verlegung einer Dragoner-Schwadron, wegen der im Provinzhauptstädtchen durch den starken Zuwachs an Beamten eingetretenen Wohnungsnot, abschlägig beantwortet

König Friedrich der Große von Preußen (1712–1786)

hatte, mit folgender Marginalie: «Ihr seid alle Narrens: meint ihr, das ich um einen Kriegs-Rat (was eigentlich ein Dieb ist...) meint ihr, das ich um solche Schlingels einen einzigen Dragoner umquartieren sollte, so betrügt ihr euch sehr: unter 100 Kriegs-Räthe kann man immer mit gutem Gewissen 99 hängen lassen: denn wenn einer ehrlich mang sie ist, so ist es viel...»

Dieser unerhörte Affront gegen das Beamtentum gab dem schon genannten Kriegsrat Scheffner den letzten Anstoß für seinen «Dienstentsagungsvorsatz». Er bat den König um seinen Abschied und zugleich um eine kleine Jahrespension. Den Abschied erhielt er, aber keine Pension. Denn, wie Friedrich auf dem Rand der angeforderten Stellungnahme zu Scheffners Gesuch die Ablehnung begründete: «Mihr Müste der Teufel plagen, das ich en Kriegsrath Pension gebe, da noch So vihl brave Officiers ohne versorgt Syndt...»

Zeigte sich der Knauser von Sanssouci in kleinen Geldangelegenheiten zugeknöpft, um wieviel mehr erst in großen. So wurden die wiederholten Gesuche der westpreußischen

Großgrundbesitzer um Errichtung einer Kreditanstalt von ihm abgelehnt. Zugewanderte Handwerker hingegen konnten auf seine Unterstützung rechnen, wie etwa jener Württemberger, der in Marienwerder mit königlicher Hilfe eine Färberei einrichtete. 1787, ein Jahr nach dem Tod des Königs, wurde dann das bewußte Kreditinstitut gegründet, die «Westpreußische Landschaft», die aber nur adeligen Gutsbesitzern zur Verfügung stand. Sitz der Zentralverwaltung war Graudenz, ab 1791 Marienwerder. 70 Jahre später kam die «Neue Westpreußische Landschaft» hinzu, als Kreditunternehmen für die bäuerlichen Grundbesitzer.

Auf ganz anderem Gebiet nahm im letzten Jahrzehnt des 18. Jahrhunderts im Bereich der Verwaltung ein großangelegtes Unternehmen seinen Anfang: die 1796–1802 unter Leitung des Staatsministers von Schroetter durchgeführte erste trigonometrische Landesaufnahme von Ost- und Westpreußen (mit Netzedistrikt). Das Zentralbüro für dieses Projekt war zuerst in Königsberg, dann in Marienwerder. Ergebnis der nicht leicht zu bewältigenden Aufgabe: 133 nach astronomischen Ortsbestimmungen und mit Hilfe eines neuartigen trigonometrischen Netzes im Maßstab 1 : 50000 angefertigte Geländeskizzen sowie 141 Reinzeichnungen, die als verkleinerte Zusammenfassung von 1802 bis 1810 auf 24 Blättern im Maßstab 1 : 150000 in Berlin gedruckt wurden.

Friedrich Leopold Freiherr von Schroetter (1743–1815), eine der hervorragendsten Gestalten der preußischen Verwaltungsgeschichte, wurde 1791 Oberpräsident von Ost- und Westpreußen und 1795 Staatsminister für beide Provinzen, wozu 1796 noch die Oberaufsicht über Neu-Ostpreußen kam. Das von ihm angeregte, den Anforderungen von Wissenschaft, Verwaltung und Militär Rechnung tragende Kartenwerk liegt seit 1978 als Faksimiledruck vor.

Sein Wert kann nicht hoch genug eingeschätzt werden, weil es viele alte Ortsnamen überliefert, die im Zuge der Eindeutschung einst in «Polnisch-Preußen» existierender Gemeindebezeichnungen verdrängt wurden, die aber nicht samt und sonders Erstbezeichnungen waren. Das Thema der Ortsnamen in Westpreußen ist, wie der alte Fontane sagen würde, fürwahr «ein weites Feld», denn: «In keiner Provinz des Preußischen Staates, auch in keiner der östlichen Provinzen, haben in dem Maße wie...in Westpreußen die Ortsnamen gewechselt. Es ist hier die Regel, daß die meisten und jedenfalls alle alten Ortschaften im Laufe der Jahrhunderte wenigstens zwei verschiedene Namen oder doch Namenformen gehabt haben, eine deutsche und eine polnische oder altpreußische. Wieder die meisten Orte aber weisen darüber hinaus mehrere Entwicklungsformen ihrer deutschen oder polnischen Namen auf. Diese Vielartigkeit begreift sich, wenn man bedenkt, daß Ortsnamenänderungen früher nicht durch Maßnahmen von Behörden und durch einmalige Bestimmungen vollzogen worden sind, sondern sich durch die lebendige Sprache der Ein- und Umwohner entwickelt haben und je nach dem Zustande dieser Entwicklung schriftlich verschieden überliefert worden sind. Die Vielartigkeit wird vollends erklärlich durch die Beobachtung, daß viele ursprünglich altpreußische oder slawische Namen bei der Neubesiedelung durch den Deutschen Orden eingedeutscht, daß diese und auch die ursprünglich deutschen Namen der Ordenszeit unter polnischer Herrschaft durch Modelung oder Übersetzung oder Neubenennung polnisches Sprachgut geworden, nach der preußischen Besitznahme wiederum der deutschen Rede angepaßt, eingedeutscht oder gar schließlich durch behördliche Bestimmung geändert worden sind. Demnach sind in der Regel zwei oder drei, in manchen Fällen vier Schichten der Namengebung zeitlich übereinandergelagert.»

So beginnt die Einleitung zu einer 1912 von Max Bär und Walther Stephan vorgelegten umfangreichen Zusammenstellung zum Thema Ortsnamensänderungen in Westpreußen, die natürlich noch nicht die letzte, fast nur noch von nationalpolitischen Erwägungen bestimmte Phase dieses Prozesses berücksichtigen konnte; eines Prozesses, der nach 1920 einsetzte, in der Folgezeit beständige Steigerung erfuhr, 1938

seinen Höhepunkt erreichte und 1942 zum Stillstand kam, im Zuge der Auswirkung eines bereits im August 1939 ergangenen ministeriellen Erlasses, demzufolge «die Arbeiten an der Umbenennung von Gemeinden aus kriegsbedingten Gründen einzustellen seien». Die 1971 von Fritz Verdenhalven veröffentlichte Zusammenstellung «Namensänderungen ehemals preußischer Gemeinden von 1850 bis 1942» stellt die unentbehrliche Ergänzung zu dem erwähnten Bär-Stephanschen Vorläufer-Kompendium dar.
Die umfassende Reform der preußischen Provinzialverwaltung nach den Unglücksjahren 1806/07 mit ihren einschneidenden Verlusten an westpreußischem Gebiet (Danzig, Kulmerland, Großteil des Netzedistrikts) brachte 1808 auch für die obersten westpreußischen Behörden eine ihre Kompetenzen sinnvoller verteilende Neugliederung. Die Kriegs- und Domänenkammer erhielt den Namen «Westpreußische Regierung», die bisherige Regierung die zutreffendere Bezeichnung «Oberlandesgericht». Für dieses stand schon seit dem Jahre 1800 ein geräumigeres Domizil bereit: ein schlichtes, klassizistisches, noch heute vorhandenes Gebäude, für das leider zwei abgebrochene Flügel des mittelalterlichen Marienwerderer Domschlosses das Baumaterial hatten liefern müssen.
1816 trat das im Jahr zuvor erlassene Gesetz über die Neueinteilung der durch den Wiener Kongreß gebietsmäßig regenerierten Provinz Westpreußen in Kraft. Sie wurde in zwei Regierungsbezirke eingeteilt und unterstand von nun an einem Oberpräsidenten, der, wie auch die zweite Regierung, Danzig als Sitz hatte. Erster Oberpräsident von Westpreußen und zugleich Chef der Danziger Regierung war Heinrich Theodor von Schön (1773–1856), ehemaliger Mitarbeiter Steins, ein energiegeladener Mann, der sich um die kulturelle und wirtschaftliche Entwicklung Westpreußens hohe Verdienste erwarb; er war die Seele der Wiederherstellung der Marienburg.
Den nördlichen Teil Westpreußens umfaßte der Regierungs-

Marienwerder (aus Henneberger, 1595)

bezirk Danzig, der mehr als doppelt so große Regierungsbezirk Marienwerder das übrige Provinzgebiet. Eine Komplizierung der Verhältnisse bedeutete der Umstand, daß in den Kreisen Kulm und Michelau sowie in Thorn noch bis 1831 die Gemeindeverordnung aus der 1807 von Napoleon für das Großherzogtum Warschau erlassenen Verfassung bestehen blieb.
Die Einrichtung des Regierungsbezirks Danzig zog die Bildung neuer landrätlicher Kreise nach sich, der bereits 1818 eine nochmalige, die Gesamtprovinz betreffende Veränderung folgte, die bis in die 1870er bzw. 1880er Jahre gültig blieb.

1824 übernahm Schön auch das Oberpräsidium für Ostpreußen und «regierte» nun von Königsberg aus (bis 1842) die Ende 1829 offiziell zur «Provinz Preußen» vereinigten, 1878 wieder verselbständigten beiden preußischen Ostprovinzen, die dem 1840 zum Staatsminister Ernannten ihr Wiederaufblühen zu verdanken haben.
Die besonders die Provinz Westpreußen hart treffenden Bestimmungen des Versailler Vertrages (1919/20) entzogen ihr Gebiet weitgehend dem Wirken der bis dahin deutschen Verwaltung. Diese hielt dort noch einmal Einzug, als 1939

Reichsgau Danzig-Westpreußen

nach Beendigung des Krieges gegen Polen der bis Anfang 1945 existierende Reichsgau Danzig-Westpreußen entstand, zu dessen Abrundung im Südwesten zwei Kreise aus dem Regierungsbezirk Bromberg der ehemaligen Provinz Posen hatten herhalten müssen (Wirsitz und Bromberg), im Südosten annektiertes polnisches Gebiet, die 1938 zur Woiwodschaft Pommerellen geschlagenen Kreise Rypin und Lipno; bis dahin hatten diese zur Woiwodschaft Warschau gehört, vor dem Ersten Weltkrieg zum russisch-polnischen Weichsel-Gouvernement Płock.

Der Kreis Deutsch Krone sowie die größeren Teile der Kreise Flatow und Schlochau, 1920 bei Deutschland verblieben, zunächst Teil der Provinz Grenzmark Posen-Westpreußen, dann des gleichnamigen Regierungsbezirks der Provinz Pommern, wurden dort belassen, was ihnen jedoch 1945 das Schicksal der einstigen Stammprovinz nicht ersparte.

AUS EINS MACH VIER

Dieser Imperativ gehört nicht zu den von höherem Jux und Nonsens erfüllten Versen des Hexen-Einmaleins der «Faust»-Dichtung. Er ähnelt ihnen vielleicht, was die Form angeht, wirkt aber vom Inhalt her nicht unlogisch. Dennoch steht er hier für Un- und Widersinn: für den praktizierten «höheren» Un- und Widersinn, wie er sich in den Westpreußen betreffenden Bestimmungen des Versailler Friedensvertrages niederschlug. Der zog zwar den Schlußstrich unter den Ersten Weltkrieg, schuf aber zugleich eine Situation, die bereits Zündstoff für den Ausbruch des Zweiten lieferte.

Das Inkrafttreten dieses den Deutschen diktierten Vertrages am 10. Januar 1920 bedeutete für Westpreußen einen Gebietsverlust, wie ihn in fast ähnlichem Umfang der Ordensstaat rund 450 Jahre zuvor hatte hinnehmen müssen (1466). Der Großteil Westpreußens links der Weichsel (Pommerellen) und das Kulmerland, Gebiete mit einem zugegebenermaßen nicht unerheblichen polnischen bzw. kaschubischen Bevölkerungsanteil in geschlossenen Wohngebieten, fielen an den wiedererrichteten polnischen Staat, bildeten nun den sogenannten «Korridor», der Polen den ersehnten Zugang zur Ostsee verschaffte.

Danzig und sein Hinterland wurden zu einem unter den Schutz des Völkerbundes gestellten, am 15. November 1920 proklamierten Freistaat gemacht. Nur der Widerstand des britischen Premierministers Lloyd George verhinderte die von den Versailler Friedensmachern erwogene Abtrennung Danzigs zugunsten von Polen, dem sie aber mancherlei Einflußnahme auf die Angelegenheiten des eben doch nicht völlig freien kleinen Staatswesens zugestanden, etwa im Hinblick auf die Außenpolitik.

Im Westen und Südwesten von Westpreußen verblieben die Kreise Deutsch Krone sowie die größeren Teile der Kreise Flatow und Schlochau bei Deutschland; 1922 bildeten sie zusammen mit nordwestlichen und westlichen Randstücken der an Polen abgetretenen Provinz Posen die neue Provinz Grenzmark Posen-Westpreußen. Nach deren Auflösung (1938) kam ihr westpreußischer Gebietsanteil zusammen mit dem Stadtkreis Schneidemühl (ehemals Provinz Posen) mit dem aus drei vordem Posenschen Kreisen geschaffenen Netzekreis sowie mit je zwei Kreisen der Provinzen Brandenburg und Pommern als Regierungsbezirk Grenzmark Posen-Westpreußen zur Provinz Pommern.

Deutsch blieb auch noch alles östlich von Weichsel und Nogat liegende westpreußische Land (2955 qkm). Es kam 1922, nach voraufgegangener Volksabstimmung in seinem größeren Teil, als Regierungsbezirk Westpreußen mit weiterbestehender Regierung in Marienwerder zur Provinz Ostpreußen. Nicht abgestimmt zu werden brauchte im Stadt- und Landkreis Elbing; letzterer hatte im Westen ein Stückchen an den neuen Freistaat Danzig hergeben müssen, dafür aber im Norden den Ostausläufer des einstigen Kreises Danziger Niederung auf der Frischen Nehrung mit dem Ostseebad Kahlberg erhalten.

Das 2460,8 qkm große Abstimmungsgebiet, summarisch als «Abstimmungsgebiet Marienwerder» bezeichnet, umfaßte gemäß Artikel 96 des Versailler Friedensvertrages den Teil des Kreises Marienburg östlich der Nogat (der westliche war an den Freistaat Danzig gefallen), den Kreis Stuhm, den Teil des Kreises Marienwerder östlich der Weichsel (der westliche

Die Vierteilung Westpreußens

	Alte Provinz Westpreußen	Verlust		Verbleib	
		an Polen	Freistaat Danzig	Provinz Grenzmark Posen-Westpreußen	Reg.-Bez. Westpreußen
Fläche in qkm	25560	15885	1914	4806	2955
		17799 =	69,6 v. H.	7761 =	30,4 v. H.
Einwohner	1748000	950000	320000	223000	255000
		1270000 =	72,65 v. H.	478000 =	27,35 v. H.
Städte	57	29	4	12	12

war ohne Abstimmung dem «Korridor» einverleibt worden) sowie den Kreis Rosenberg. Territoriale «Regulierungen» kleineren Ausmaßes übergehen wir hier.

Der genannte Friedensvertragsartikel rief die Bewohner des Abstimmungsgebietes auf, «durch eine gemeindeweise Abstimmung kundzutun, ob sie wünschen, daß die verschiedenen in diesem Gebiete liegenden Gemeinden zu Polen oder Ostpreußen gehören sollen». In Anlehnung an die Volkszählung von 1910 ergab sich für dieses Gebiet, ohne Berücksichtigung der Einwohner mit zwei Muttersprachen, folgende demographische Struktur:

Volksabstimmung in Westpreußen (11. Juli 1920)

Gesamtbevölkerung

Kreise	Einw.	Deutsche	Polen
Marienburg	28521	28045 = 98 v. H.	454 = 2 v. H.
Stuhm	36527	20923 = 58 v. H.	15571 = 42 v. H.
Marienwerder	40969	37143 = 91 v. H.	3810 = 9 v. H.
Rosenberg	54550	50194 = 92 v. H.	4291 = 8 v. H.
Abstimmungsgebiet	160567	136305 = 82 v. H.	24126 = 15 v. H.

Die folgende Übersicht veranschaulicht das Verhältnis der deutschsprachigen zu den polnischsprachigen Einwohnern in den Städten des Abstimmungsgebietes:

Stadtbevölkerung				
Städte im Kreis	Zahl	Einw.	Deutsche	Polen
Marienburg	1	16500	16155 = 98 v. H.	327 = 2 v. H.
Stuhm	2	6095	4559 = 75 v. H.	1536 = 25 v. H.
Marienwerder	2	13970	13339 = 96 v. H.	620 = 4 v. H.
Rosenberg	5	23218	21864 = 94 v. H.	1329 = 6 v. H.
Abstimmungsgebiet	10	59783	55917 = 94 v. H.	3812 = 6 v. H.

Außer der gleichnamigen Kreisstadt des Kreises Marienburg handelte es sich im Kreis Stuhm um die Städte Stuhm und Christburg, im Kreis Marienwerder um Marienwerder und Garnsee, im Kreis Rosenberg um Deutsch Eylau, Riesenburg, Rosenberg, Freystadt und Bischofswerder. Die Namen der Städte sind entsprechend der Höhe ihrer Einwohnerzahlen angeordnet. Unter der Landbevölkerung war das deutschsprachige Element nicht ganz so dominierend wie in den Städten. Nachstehende Tabelle gibt darüber Aufschluß:

Landbevölkerung			
Kreise	Einw. auf dem Land	Deutsche	Polen
Marienburg	12021	11890 = 99 v. H.	127 = 1 v. H.
Stuhm	30432	16364 = 54 v. H.	14035 = 46 v. H
Marienwerder	26999	23804 = 88 v. H.	3190 = 12 v
Rosenberg	31332	28330 = 91 v. H.	2962 = 9 v
Abstimmungsgebiet	100784	80388 = 80 v. H.	20314 = 20 v. H.

Für die Verwaltung des Abstimmungsgebietes war seit dem 17. Februar 1920 eine «Interalliierte Kommission für Regierung und Volksabstimmung» zuständig, die ihren Sitz in Marienwerder hatte. Dieser Kommission gehörten an: ein früherer italienischer Staatssekretär (als Präsident), ein französischer Botschaftsrat, ein früherer britischer Minister und ein japanischer Botschaftssekretär. Bevollmächtigter des Deutschen Reiches für das Abstimmungsgebiet war nach dem Kapp-Putsch (Mitte März 1920) der bisherige Landrat des an Polen abgetretenen Kreises Neustadt, ein Graf Baudissin, nachmaliger erster Regierungspräsident des der Provinz Ostpreußen angegliederten Regierungsbezirks Westpreußen. Polens Bevollmächtigter war der Generalkonsul Graf Sierakowski, ein im Kreis Stuhm ansässiger Großgrundbesitzer (12000 Morgen).

Gleichzeitig mit der Interalliierten Kommission war ein italienisches Fünf-Kompanien-Bataillon als militärische Besatzung des Abstimmungsgebietes eingetroffen, ergänzt durch ein kleineres französisches und englisches Kontingent von etwa 100 bzw. 70 Mann.

Der Geschäftsbereich der Interalliierten Kommission hatte je ein Ressort für innere Angelegenheiten, Finanzen, Justiz sowie für Post-, Telegraf- und Telefondienst. Die Maßnahmen in einer Sparte des vierten Ressorts leben noch heute fort, in den Katalogen für Philatelisten. Laut Anordnung der Kommission mußte der Verkauf deutscher Briefmarken im Abstimmungsgebiet mit dem 12. März 1920 aufhören. Wegen Markenmangels, infolge schlechter Disposition und Diebstahls während des Transports der Markensendungen aus Italien (sogenannte Erste Mailänder Ausgabe, der dann noch eine textlich variierte zweite folgte), mußte man zunächst mit Aushilfs-Ausgaben zurechtkommen. Es waren mit dem Aufdruck «Commission Interalliée Marienwerder» versehene Freimarken des Deutschen Reiches, von denen die im März herausgebrachten seltenen Versuchsdrucke derzeitig mit einem Verkaufswert von etlichen tausend D-Mark (pro Stück) notiert werden. Es handelt sich hierbei um eine das Reichspostamt in Berlin zeigende rote 1-Mark-Briefmarke (Querformat) mit farblich und typographisch unterschiedlichem Aufdruck.

Briefmarken aus dem Abstimmungsgebiet Marienwerder

Bei der Abstimmung am 11. Juli 1920 war abstimmungsberechtigt, wer bei Inkrafttreten des Friedensvertrages das 20. Lebensjahr vollendet hatte und im Abstimmungsgebiet geboren war bzw. dort seit dem 1. April 1914 seinen Wohnsitz oder gewöhnlichen Aufenthalt hatte. Von Ende Juni an waren fast 24 000 Abstimmungsberechtigte aus dem Reich in ihre Heimat gekommen, meist auf dem Seeweg über Swinemünde – Pillau, da die Polen das Eintreffen dieser Abstimmungs-Heimkehrer zu verhindern, zumindest zu erschweren trachteten. Dabei wirkte sich ihre Zahl, die zwar fast ein Fünftel aller Abstimmungsberechtigten ausmachte, mit 2,2 v. H. auf das von Kennern der Verhältnisse klar vorhersehbare Abstimmungsergebnis nur unerheblich aus. Dieses brachte mit 92,42 v. H. dem Abstimmungsgebiet die Angliederung an Ostpreußen, damit den Verbleib beim Deutschen Reich. Daß für Polen wesentlich weniger Stimmen abgegeben wurden, als nach den hier mitgeteilten Statistiken anzunehmen gewesen wäre, läßt den Schluß zu, daß der Großteil der im Abstimmungsgebiet lebenden Polen die deutsche Oberhoheit nicht als unerträgliches Joch empfunden haben dürfte.

Briefmarke mit Aufdruck aus dem Abstimmungsgebiet

Die Prozentzahlen sind jeweils aus der Summe der für Ostpreußen und Polen abgegebenen, d. h. aus der Zahl der gültigen Stimmen errechnet; geht man von der Zahl aller abgegebenen Stimmen aus, so ergeben sich 92,28 v. H. für Ostpreußen gegenüber 7,57 v. H. für Polen.

Das in Versailles über Westpreußen verhängte Schicksal war eine Katastrophe, die nicht ohne Auswirkungen auf Deutschland als Ganzes blieb. Der Verlust an land- und forstwirt-

Volksabstimmung (11. Juli 1920)

Abgegebene Stimmen

Kreis	stimmberechtigt	insgesamt / gültig	Personen außerh. d. Abst.-Geb.	für Ostpreußen	v. H.	für Polen	v. H.
Marienburg	20342	17 996 / 17 996	4518	17805	= 98,94	191	= 1,06
Stuhm	29291	24 958 / 24 888	4018	19984	= 80,3	4904	= 19,7
Marienwerder	31913	27 422 / 27 386	6918	25607	= 93,5	1779	= 6,5
Rosenberg	39630	34 628 / 34 571	8264	33498	= 96,9	1073	= 3,1
Abstimmungsgebiet	121176	105 004 / 104 841	23718	96894	= 92,42	7947	= 7,58

Westpreußen nach 1920

schaftlicher Kapazität war einschneidend; er belief sich auf 983 Gutsbezirke, 141 Domänen mit 61354 ha und 73 Oberförstereien mit 324179 ha. Die Einbuße von 4221 gewerblichen Betrieben mit 63141 in ihnen Beschäftigten traf die Wirtschaft, die, zusammen mit dem Handel, besonders hart durch die nun unterbrochene Verbindung zu Ostpreußen in Mitleidenschaft gezogen wurde.

Die Verlegung der polnisch-deutschen Korridor-Grenze im Osten auf das rechte Ufer der Weichsel, 1920 durch die Pariser Botschafterkonferenz verfügt, entzog den Strom deutscher Nutzung als Wirtschafts- und Verkehrsader. Der Hafen Kurzebrack, unweit Marienwerders, galt, vornehmlich auf dem Papier, als (einziger) «freier und ungehinderter» Zugang Ostpreußens zur Weichsel, und der Abbruch der sie etwas weiter südlich überspannenden großartigen Münsterwalder Brücke bedeutete eine weitere Abschnürung Ostpreußens vom «Altreich».

Auch der Freistaat Danzig hatte mit wirtschaftlichen Problemen zu kämpfen, was im Politischen nicht nur auf seinem Gebiet zur Anfälligkeit gegenüber rechten Strömungen führte, nach 1933 günstige Voraussetzungen für verstärktes Fußfassen der NS-Ideologie und die Plattform für eine emotional übersteigerte Heim-ins-Reich-Bewegung schuf. Diese griff auch in das an Polen abgetretene westpreußische Gebiet über, wo sich das infolge des polnischen Nationalismus unter Druck reduzierte Deutschtum wachsenden Schwierigkeiten gegenübersah.

Zu welchen verheerenden Folgen die 1939 gewagte gewaltsame Bereinigung der durch den Versailler Vertrag geschaffenen unnatürlichen Zustände führte, ist bekannt. Sie ist mit schuld an der Situation, in die Deutschland 1945 geriet.

WASSERWEG WEICHSEL

Von ihrem Eintritt in Westpreußen, 15 km oberhalb von Thorn, bis zur Mündung bei Danzig, legt die Weichsel, vom 14. bis 16. Jahrhundert eine belebte Handelswasserstraße, etwa 225 km zurück. Das entspricht fast einem Viertel ihrer Gesamtlänge. Deutsche Dichter haben die Weichsel nicht so oft besungen wie den Rhein, denn zu ihren Ufern senken sich keine Rebenhänge hinab, wiewohl es auch sie dort einst, bereits zur Zeit der Ordensritter, gegeben hat, bei Thorn, Schwetz und Graudenz, bei Neuenburg und Mewe. Heute säumen keine Weinberge mehr die Hochufer der Weichsel, die Burgen und Burgruinen sind dort auch nicht so zahlreich wie am Rhein. Aber deswegen ist der bis zu 1200 m breite Unterlauf des längsten ostmitteleuropäischen Stroms keineswegs ohne Reiz.

Bei Fordon, unweit Brombergs, verließ die Weichsel einst ihr Urstromtal, durchbrach die Moränenwälle des Baltischen Landrückens und wandte sich nordwärts. Seitdem durchfließt sie, bis zum Eintritt ins Dreiwerderland, ein tief eingeschnittenes, durchschnittlich 8 km breites fruchtbares Tal, und zwar abwechselnd an einmal rechts, einmal links aufragenden Höhenrändern entlang, so daß dementsprechend die Lage der Niederungen wechselt.

Schon Ende des 13. Jahrhunderts begann der Ritterorden das

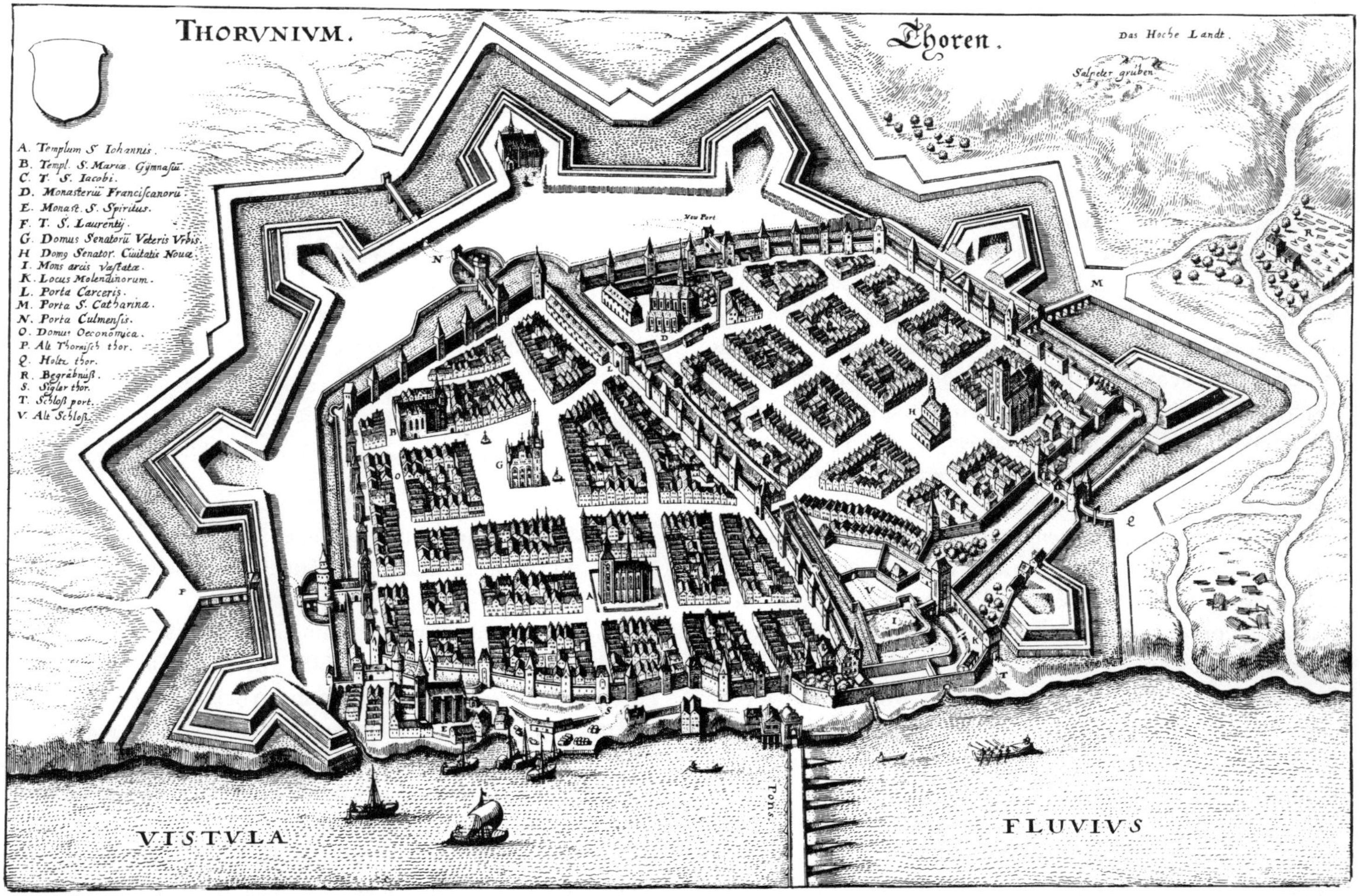

Thorn an der Weichsel (Merian 1652)

lebenswichtige Werk der Weichseleindeichung; denn Eisgang und Frühjahrshochwasser, die durch Überschwemmung des Deichvorlandes, der Kämpen, eine erhebliche Verbreiterung des Stroms bewirken können, waren und sind eine ständig wiederkehrende Bedrohung für die Niederungsbauern, in den schlimmen Jahren der Dammbrüche, wie 1784, 1876 und 1888, nicht nur für sie. Diese Bedrohung und ihre Bedeutung für die Schicksale mit ihr lebender Menschen hat der Dichter Max Halbe (1865–1944), ein Sohn des Werders, in seinen Dramen «Eisgang» und «Der Strom» gestaltet.

Dennoch: «Der Eisgang der Weichsel im Beginn des Frühlings», erinnert sich der in Danzig geborene, in Marienwerder aufgewachsene Mediziner Ernst v. Leyden (1832–1910), «zählt wohl zu den großartigsten und eigenartigsten Naturschauspielen. Es gehörte daher zu den besonders erlesenen Genüssen der Bewohner Marienwerders, wenn das Aufgehen des Eises auf dem Flusse gemeldet wurde, nach dem eine Stunde entfernten Kurzebrack hinauszuwandern oder zu fahren, um diesem Schauspiel beizuwohnen. Wie ein unterirdisches Donnern tönt es den Strom entlang, die schwere Eisdecke fängt, gleich den Wellen des Meeres, sich zu heben und zu senken an, bis endlich mit gewaltigem Krachen die Flut sich ihren Weg bahnt.»

Auch von einer Überschwemmungskatastrophe erzählt der einst führende Kliniker der Inneren Medizin in seinen Lebenserinnerungen: da war die Weichsel bis in die Unterstadt des von ihr 4 km entfernten, auf der Höhe gelegenen Marienwerder vorgedrungen.

Besonders die in Stromnähe ansässigen Niederungsbauern, auch die im Weichsel-Nogat-Delta, hatten sich auf das Frühjahrshochwasser einzustellen und mit ihm zurechtzukommen; wie etwa die Eltern des expressionistischen Lyrikers Paul Boldt (1885–1921) in Christfelde, 12 km südwestlich von Schwetz, deren Hof in unmittelbarer Nähe des Flusses lag. «Einmal passierte es», so berichtet der Neffe des Dichters, «daß das Wasser im Hause kniehoch stand und Paul Boldt in seiner Wiege im Hause herumschwamm, von seiner Mutter erst bemerkt, als sie wieder ins Haus kam. Die hölzerne Wiege war aber derart solide gebaut, daß Paul Boldt dieses Geschehen völlig unbeschadet überstand.» Frühe Verse von ihm haben das seine Kindheit und Jugend bestimmende Erlebnis des heimatlichen Stromes Gestalt werden lassen:

WEICHSEL

Ein Thema: Weichsel; blutsüßes Erinnern!
Der Strom bei Kulm verwildert in dem Bett.
Ein Mädchen, läuft mein Segel aufs Parkett
Aus Wellen, glänzend, unabsehbar, zinnern.

In Obertertia. Julitage flammen,
Bis du den Leib in helle Wellen scharrst.
Die Otter floh; mein weißes Lachen barst
Zwischen den Weiden, wo die Strudel schwammen.

Russische Flöße in den Abend ragend.
Die fremden Weiber, die am Feuer sitzen,
Bewirten mich: Schnaps und gestohlener Speck.

Wir ankern und die Alten bleiben weg.
Die Völlerei. Aus grausamen Antlitzen
Blitzt unser Blick, ins Weiberlachen schlagend.

Die Flöße kamen aus dem damaligen Russisch Polen. Ihre Besatzung, die Flissaken (poln. flisak = Flößer), waren Polen, die ansehnliche Holzladungen in Gestalt großer Flöße (Traften) bis hinab nach Danzig manövrierten, um dann, teils per Bahn, teils auf Schusters Rappen, mit kargem Lohn in ihre Heimat zurückzukehren. Während der langen Talfahrt (nur tagsüber wurde geflößt) lebten die Flissaken in einfachen Schilfhütten oder Bretterverschlägen auf ihren Traften.

Doch zurück zu den Tücken des Weichselstroms. Gegen sie war selbst Danzig nicht gefeit. «Der Eisgang der Weichsel galt immer als etwas sehr Gefährliches für die an die Stadt angrenzende Niederung, ja selbst für den unteren Teil der Stadt und für die nach der Niederung, dem Werder, zu gelegenen Vorstädte. Manchmal habe ich...die Niederung so überflutet gesehen, daß die Weiden sich nur noch mit ihren Häuptern über das Wasser erhoben.» So der aus Danzig stammende Schriftsteller Johannes Trojan (1837–1915) in seinen Erinnerungen.

Nicht nur als Beobachter erlebte der spätere Staatssekretär des Innern Clemens v. Delbrück (1856–1921), in den 1890er Jahren mit dem Dezernat Landwirtschaft betrauter Regierungsrat in Danzig, eine Werder-Überschwemmung. Er wurde einst an einem stürmischen Vorfrühlingstag mit seinen Mitarbeitern vom Hochwasser überrascht und abgeschnitten. Das nach Stunden zur Rettung eintreffende Boot legte in Fenstersimshöhe des zweiten Stockwerks jenes Bauernhauses an, in das sich die Männer geflüchtet hatten.

Ein Erlebnis besonderer Art ist aus Delbrücks Assessorenzeit bei der Regierung in Marienwerder überliefert. Damals gab es für den späteren Oberpräsidenten von Westpreußen (1902–1905) privaten Anlaß zu Weichsel-Überquerungen, wenn er nämlich aufs Rittergut Lowinek im Kreis Schwetz wollte, zu seiner Braut. Als einmal, des Eisgangs wegen, die Fähre nicht verkehrte, gelangte er über den Strom, indem er von Scholle zu Scholle sprang.

Die Weichsel ist 50–80 Tage im Jahr vereist. Es kommt durchaus vor, daß die Eisdecke meterdick ist, Anreiz zu gefahrloser Fahrt über den Strom, etwa mit dem Pferdeschlitten. Auch in der zweiten Januarhälfte 1945 war, zum Glück, das Eis so stark, daß die vielen Flüchtlingstrecks, die Wagenkolonnen der vor der Roten Armee Flüchtenden, das rettende Westufer der Weichsel erreichen konnten.

Um zur Zeit des Eisgangs die Gefahr von Stauungen oder Verstopfungen zu verhindern oder zumindest zu verringern, wurden rechtzeitig Eisbrecher eingesetzt, unter Umständen Sprengungen der Eisdecke vorgenommen. Aber nicht immer

Holzflößerei auf der Weichsel

gelang die Bändigung der Naturkräfte. 1840 kam es auf der Danziger, der späteren Toten Weichsel (weil stillgelegt) zu derart starken Eisversetzungen, daß der Strom Deich und Düne der Binnennehrung bei Neufähr durchdrückte. So erzwang er sich eine zweite neue Mündung, nachdem die nördlich von Danzig versandete Mündung bei der Festung Weichselmünde etwas weiter westlich durch das sogenannte Neue Fahrwasser abgelöst worden war. Auf der diesem Mündungskanal vorgelagerten Halbinsel, der Westerplatte, begann 1939 der Zweite Weltkrieg.

Seit 1895 hat die Weichsel 10 km östlich von Neufähr, zwischen Schiewenhorst und Nickelswalde, ihre Hauptmündung. Zu ihr hin durfte sie sich von unterhalb des sogenannten Danziger Haupts, wo sich Danziger und Elbinger Weichsel teilen, in geradewegs nördlicher Richtung ein geschickt vorausberechnetes und vorbereitetes, etwa 6 km langes und 1 km breites Bett selbst schaffen. Ihr Unterlauf erfuhr dadurch eine Verkürzung um 25 km, die Situation im gesamten Mündungsgebiet weitgehende Beruhigung.

Zur Verbesserung der Schiffbarkeit wurde zwischen 1830 und 1915 eine Stromregulierung des Unterlaufs durchge-

Dirschauer Eisenbahnbrücke über die Weichsel

führt, denn geringe Tiefe, sehr unregelmäßige Wasserführung und sich beständig verlagernde Sandbänke stellten die neuzeitliche Schiffahrt vor erhebliche Probleme. Da aber die russischen Nachbarn im Süden zu einer Beteiligung an einem gemeinsamen Regulierungsprogramm nicht bereit waren, wurde durch Vernachlässigung des in russischer Hand befindlichen Mittellaufs den deutschen Bemühungen um die Weichsel indirekt entgegengearbeitet. Diese fanden ihr Ende, als der Strom 1919 durch die Bestimmungen von Versailles deutscher Zuständigkeit entzogen wurde.
Zu den Brücken im unteren Land an der Weichsel, bei Thorn, Fordon, Graudenz und Dirschau, sind zwei hinzugekommen: bei Kulm und bei Käsemark (südlich vom Danziger Haupt). Die 1905–1909 erbaute, 1 060 m lange Münsterwalder Eisenbahn- und Straßenbrücke westlich von Marienwerder, 1928–1931 – in der Korridorzeit – von den Polen abgerissen, hat nach 1945 keine Nachfolgerin erhalten. Dort muß man, wie in früheren Zeiten, mit dem Fährbetrieb vorliebnehmen.

VON LANDSCHAFT UND WIRTSCHAFT

Zu den von jeher mit hartnäckiger Beharrlichkeit gehegten Ansichten über «den Osten», damit auch über Westpreußen, gehört die vom langweiligen Flachland, über das in lange währenden Wintern eisige Winde hinwegwüten. Womit bereits das Etikett von der «kalten Heimat» bei der Hand wäre. Landschaft und Klima der westpreußischen Breiten sind jedoch, wie die englische Küche, besser als ihr Ruf. Die Betrachtung einer farbigen geographischen Karte der bewußten Gegend oder, viel einfacher, der Landschaftsbilder dieses Bandes dürfte genügen, um recht schnell die Überzeugung zu gewinnen, daß es mit der Stichhaltigkeit der eingangs wiedergegebenen Ansicht nicht weit her ist.
Um auf das farbige Landkartenbild Westpreußens zurückzukommen: Seine in stetigem Wechsel auftretenden abgestuften Brauntöne, das dazu kontrastierende Grün sowie die Fülle blauer Einsprengsel lassen unschwer erkennen, daß man es hier mit recht abwechslungsreicher Landschaft zu tun hat. Was die blauen Einsprengsel angeht: Westpreußen besitzt 1 855 Seen, die größer als 2 ha sind.
Das Gebiet der Provinz Westpreußen bildete das Mittelstück der End- und Grundmoränenlandschaft des Baltischen Höhenrückens, der vor etwa 6 000 Jahren von der Weichsel «halbiert» wurde, als sie ihr Thorn-Eberswalder (also nach Westen orientiertes) Urstromtal verließ und sich nordwärts wandte. Dadurch entstand eine natürliche Abgrenzung zwischen Ost- und Westhälfte des Baltischen Höhenrückens, zwischen Preußischem und Pommerschem Landrücken. Der zu letzterem gehörende größere Teil Westpreußens hieß auch Pommerellisches Hügelland, nach dem für das westlich der Weichsel gelegene Gebiet Westpreußens üblichen Namen Pommerellen, der jedoch nicht die Kreise Deutsch Krone und Flatow einschloß. Die Landschaft Pommerellen, identisch mit dem 1919 im Versailler Vertrag Polen zugesprochenen Weichsel-Korridor, ist nicht zu verwechseln mit dem histori-

schen Pommerellen, einem slawischen Herzogtum im 12./13. Jahrhundert, das die Gebiete von Danzig, Dirschau, Mewe, Schwetz sowie – in Hinterpommern – von Stolp und Schlawe umfaßte.
In Westpreußens Nordwestecke stößt Pommerellen an die offene Ostsee, von der Mündung der Piasnitz, einst Grenzflüßchen zu Hinterpommern, bis hin zum Endpunkt der bewaldeten Dünenhalbinsel Hela. Hinter den Dünen der bis zum fast 70 m hohen Habichtsberg bei Rixhöft flachen Festlandküste breitet sich urbar gemachte, fruchtbare Bruchlandschaft aus. Der weitere Verlauf der nun vorwiegend hochgelegenen Küste, an der Rheda-Mündung vorbei, wird bis Oxhöft von der Putziger Wiek bestimmt, einem «Golf» der Danziger Bucht. Auch hier landeinwärts ausgedehnte Moore, aus denen die sogenannten Kämpen aufragen, diluviale Lehminseln, deren Abhänge besonders zur See hin steil abfallen, bei der Oxhöfter Kämpe aus über 90 m Höhe.
Südlich von Gdingen erhebt sich das schroffe Steilufer von Adlershorst, von wo aus schon die Türme von Danzig wahrzunehmen sind. Hier rückt der Pommerellische Waldgürtel aus dem Norden der Kaschubei in Küstennähe, steigt mit dem Dohnasberg auf 206 m Höhe an und setzt sich als eine Kette bewaldeter Randberge bis hinter Danzig fort. Diese Moränenlandschaft, deren Kamm den Blick auf die Bäderküste zwischen Zoppot und Westerplatte freigibt, ist mit ihren durch Bäche und Schmelzwasser tief eingekerbten Tälern von hohem landschaftlichem Reiz.
Westlich von Danzig erstreckt sich, bis hin nach Hinterpommern, die bedeutendste Erhebung des nordpommerellischen Hügellandes: die Hochebene von Karthaus, die an Wäldern und Seen (z. B. die Radauneseen), Bergen und Tälern reiche Kaschubische Schweiz. Ihr höchster Gipfel ist der steil zum Ostritzsee hin abfallende, flachkuppige Turmberg (331 m), nordöstlich des Städtchens Berent.
Als Mittelstück Pommerellens präsentiert sich das größte zusammenhängende Waldgebiet des einstigen Staates Preußen, die im Hinblick auf Ausdehnung etwa dem Harz gleichkommende Tucheler Heide, die Friedrich der Große sein Holzreservoir nannte. Diese eintönige, von der Kiefer beherrschte Sander-Hochebene mit bisweilen kleineren Erhebungen und niedrigen Hügeln an den Rändern verdankt ihr Entstehen diluvialer Gletschertätigkeit. Brahe und Schwarzwasser, welche die Tucheler Heide windungsreich zur Weichsel hin durchqueren, dienten früher der Holzflößerei und lieferten die Antriebsenergie für so manche Mühle.
Auch der südpommerellische Höhenzug erreicht ansehnliche Erhebungen, so die Bauchberge (210 m) zwischen Landeck und Flatow. Viele mittelgroße Seen sowie Wiesenmoore und Sumpfgelände unterbrechen dieses im allgemeinen flachwellige Gebiet, das zur Weichsel und zur Netze hin recht plötzlich und ziemlich steil abfällt. Das Wirtschaftsbild Pommerellens wurde hauptsächlich durch Landwirtschaft, Viehzucht und Waldwirtschaft bestimmt.
Weitaus weniger waldreich als Pommerellen ist die auf dem rechten Weichselufer sich anschließende Osthälfte Westpreußens. Ihr südlicher Teil, das zwischen Ossa und Drewenz

Leuchtturm auf der Halbinsel Hela

gelegene Kulmerland, wie auch das von Nogat und Ossa begrenzte Mittelstück Pomesanien, bilden den westlichen Abschluß des Preußischen Landrückens, der hier in einem Durchschnittsabstand von 3,5 km dem Lauf der Weichsel, später dem der Nogat folgt, von der Drewenz-Mündung bis Marienburg. An einigen Stellen tritt die südnördlich abgedachte Hochebene bis an die Weichsel heran: bei Kulm, bei Graudenz mit dem steilen Festungsberg (86 m) südlich und den Abhängen der Bingsberge nördlich der Ossa-Mündung sowie an der Montauer Spitze mit dem Weißen Berg, Stätte der wohl vor 1233 von Bischof Christian von Preußen als Missionsstützpunkt gegründeten Burg Zantir. Hier beginnt der Strom durch Gabelung in zwei Hauptmündungsarme, die eigentliche Weichsel und die Nogat, mit der Bildung seines Deltas.

Wie Pommerellen sind auch das Kulmerland und Pomesanien reich an Hügeln und Seen, kennen aber keine so krassen Höhenunterschiede; das Landschaftsbild ist weicher gestimmt, kann jedoch mit einigen herrlichen Waldgebieten aufwarten, hauptsächlich im Osten und Westen Pomesaniens sowie im Osten des Kulmerlandes.

Die Nordostecke Westpreußens, mit der wir wieder die Danziger Bucht erreichen, hat Anteil an etwa der Hälfte der Frischen Nehrung und einem guten Drittel des Frischen Haffs. An dessen Südküste baut sich die Elbinger Höhe mit dem Butterberg (198 m) und der malerischen Dörbecker Schweiz auf, nordwestlicher Schlußpunkt des Preußischen Landrückens. Im Süden der Elbinger Höhe dehnt sich die stattliche, im Sommer von dichtem Pflanzenwuchs großenteils überwucherte Wasserfläche des immer mehr verlandenden Drausensees mit seiner kämpenreichen Umgebung; ein Naturreservat von eigenartigem Reiz, in dem der Naturfreund und der Naturforscher gleichermaßen auf ihre Kosten kommen.

Westlich von Elbinger Höhe und Drausensee erstreckt sich zum nordöstlichen Rand des Pommerschen Landrückens, bis hin zur Linie Danzig – Dirschau – Montauer Spitze, ein 50 km breites fruchtbares Niederungsgebiet, das u. a. für sein gutes Gemüse bekannte Dreiwerderland. Auf der Landkarte nimmt es sich wie ein auf der Spitze stehendes gleichseitiges Dreieck aus. Die Bezeichnung «Werder» trifft übrigens, genau genommen, nur auf dessen südlichen, höher gelegenen Teil mit natürlicher Entwässerung zu, in dem Zuckerrüben und Weizen angebaut werden. Der bis zu 2 m unter dem Meeresspiegel liegende und deshalb auf künstliche Entwässerung angewiesene nördliche Teil, mit Gründlandwirtschaft und dementsprechend Rinderhaltung als Hauptbetriebszweig, heißt Niederung. Die an das nördliche Holland erinnernde flache Landschaft empfängt von den vielen die Entwässerungsgräben säumenden Kopfweiden eine Belebung eigener Art.

Auch in dem übrigen Teil Westpreußens östlich der Weichsel überwog die Landwirtschaft. Der Anbau von Weizen und Roggen, von Zuckerrüben und Kartoffeln stand im Vordergrund, und auch Obstbau und Milchwirtschaft waren bedeutend. Ansehnliche Flächen der Marienwerderer Niederung waren dem Tabakanbau vorbehalten.

Schließlich verdankte Westpreußen seiner Lage als Ostsee-Anrainer wie auch dem Zugang zum Frischen Haff, daß Fischfang und fischverarbeitende Industrie im Wirtschaftsleben der Provinz eine nicht unbeträchtliche Rolle spielten. Nicht in diese Sparte fällt der «Danziger Lachs». Das ist kein Fisch, sondern der Name für die altertümlichen Probierstuben der gleichnamigen ältesten Danziger Likörfabrik (1598) im Haus zum Lachs in der Breiten Gasse. Bekanntestes Erzeugnis: das «Danziger Goldwasser», ein farbloser Likör, in dem kleine Blattgoldflitter schwimmen. Ein «Kontrastgetränk» hierzu war der in Tiegenhof (im Großen Marienburger Werder) seit 1776 hergestellte Machandel, ein Wacholderbranntwein. Aus dem Süden der Provinz aber kamen die Thorner Katharinchen, ein seit dem Beginn des 19. Jahrhunderts zu Weltruf gelangtes Honigkuchengebäck.

Bedingt durch die Landesstruktur kam die Industrie, zumal die Metallindustrie, erst an zweiter Stelle. Hier sind die Schiffswerften von Danzig und Elbing zu nennen, wo auch, wie in Thorn und Graudenz, Maschinenfabriken arbeiten. An erster Stelle stand die holzverarbeitende Industrie. Mit der 1881 in Kulmsee gegründeten Zuckerfabrik besaß Westpreußen ein Industrie-Unternehmen, das nach einem Brand im Jahre 1904 zum größten dieser Art in Europa ausgebaut wurde. 1970 begannen bei Marienwerder die Bauarbeiten an einem großen Zellulose-Papier-Kombinat.

Die Schichauwerft in Elbing

GEBOREN IN WESTPREUSSEN

«Kennst du das Land, wo die Kartoffeln blühn?» Diese parodistische Umsetzung eines Goethe-Verses stammt von Eichendorff, aus seinen Danziger Beamtenjahren; sie war, wie ein eigenhändiger Vermerk ausweist, «auf Westpreußen angewendet» zu denken. Aber der «Taugenichts»-Dichter wußte natürlich, daß parodieren überspitzen heißt, daß das Land an der unteren Weichsel nicht nur die Heimat von Kartoffeln, Zuckerrüben und Branntwein war.
Nicht wenige bedeutende Persönlichkeiten stammen aus Westpreußen. Hier können nur einige vorgestellt werden, stellvertretend für viele andere, aus verschiedenen Epochen und Wirkungsbereichen.

EINE HEILIGE. Im Südzipfel des von Weichsel und Nogat gebildeten Großen Marienburger Werders liegt das schon 1321 in einer Handfeste erwähnte Dorf Groß Montau. Dort kam 1347 *Dorothea Swarte* als Tochter eines Einwanderers aus Südholland zur Welt. Mit 16 Jahren an einen Schwertfeger (Waffenschmied) in Danzig verheiratet, diente nach

Ältestes Siegel der Stadt Marienwerder

dessen Tod die schon von Jugend auf ein sehr asketisch-frommes Leben führende Dorothea nun ausschließlich Gott, eine von religiösen Verzückungszuständen heimgesuchte Visionärin. 1394 starb die Mystikerin aus Montau im Dom zu Marienwerder und wurde dort in der Bischofsgruft beigesetzt. Die Wunder, die sich bald am Grabe der schon zu Lebzeiten heiligmäßig Verehrten, erst 1977 Heiliggesprochenen ereigneten, zogen viele Wallfahrer dorthin. Dorotheas von Johann von Marienwerder lateinisch verfaßte Vita erschien 1492 in Marienburg auszugsweise auf deutsch, das erste in Preußen gedruckte Buch, betitelt: «Das Leben der seligen Frawen Dorothee clewsenerynne in der thumkyrchen czu Marienwerder des Landes czu Prewszen.»

EIN PHILOSOPH. Der Vater war ein Danziger Bankier und Kaufmann, die Mutter, Tochter eines Danziger Senators, wurde eine fruchtbare Reise- und Romanschriftstellerin. Sie übersiedelten 1793, als Danzig preußisch wurde, nach Hamburg, waren viel auf Reisen. Der an der Mottlau geborene, im Ausland weltläufig erzogene Sohn sieht die Heimatstadt nur noch einmal wieder, im September 1804, zusammen mit der Mutter. Bei der Gelegenheit wird er in St. Marien konfirmiert. Nach dem Freitod des Vaters (1805) bricht er die von diesem gewünschte Ausbildung zum Kaufmann ab und bereitet sich auf den Besuch der Universität vor. Er studiert in Göttingen und Berlin Philosophie, promoviert in Jena und läßt sich schließlich 1831, nachdem der Versuch einer Dozentenkarriere in Berlin fehlgeschlagen ist, in Frankfurt am Main als Privatgelehrter nieder – *Arthur Schopenhauer* (1788–1860). Schon 1819 erschien sein Hauptwerk, «Die Welt als Wille und Vorstellung». Im Mittelpunkt seiner Philosophie des Pessimismus, die besonders Künstler und Schriftsteller stark beeinflußt hat – Wagner, Tolstoi, Thomas Mann –, steht als ethisches Grundprinzip das Mitleid, auch gegenüber dem Tier.

NATURWISSENSCHAFTLER. Der 1473 in Thorn geborene *Nicolaus Copernicus* war als Verkünder der modernen Himmelskunde ein Revolutionär. Zu behaupten (und zu beweisen!), daß nicht die Erde der ruhende Mittelpunkt der Welt sei, sondern zusammen mit den übrigen Planeten um die Sonne rotiere, das war zu seiner Zeit unerhört gewagt. So willigte Copernicus, 1503 nach langen Studienjahren in Italien endgültig nach Preußen zurückgekehrt, erst gegen Ende seines Lebens auf Drängen von Freunden in die Veröffentlichung seines wissenschaftlichen Hauptwerks «De Revolutionibus» ein. Es erschien 1543 zu Nürnberg, im Todesjahr des Verfassers, den das erste Exemplar seines Werkes auf dem Sterbebett erreichte. «Hauptamtlich» war Copernicus Kanonikus im Frauenburger Domkapitel des Bistums Ermland, dem er als Verwaltungsfachmann, Arzt und auch als Kartograph gedient hat. Stätten seines Wirkens waren Heilsberg, Allenstein und hauptsächlich Frauenburg, wo er gestorben ist. Sein Werk stand von 1616 bis 1757 auf dem 1967 aufgehobenen päpstlichen Index.

Nicolaus Copernicus

Eigentlich sollte der frühverwaiste Danziger Kaufmannssohn *Gabriel Daniel Fahrenheit* (1686–1736) den väterlichen Beruf ergreifen (wie später Schopenhauer), erlernte ihn auch 1702–1706 in Amsterdam. Aus Neigung wandte er sich jedoch der praktischen Physik zu und schlug nach zehn intensiven Reisejahren, die ihn auch in die Heimatstadt geführt hatten, 1717 endgültig in Amsterdam seine Zelte auf, als Instrumentenbauer. Durch die Erfindung des Quecksilberthermometers wurde er der Begründer der wissenschaftlichen Temperaturmessung. Als Nullpunkt der nach ihm benannten Skala hatte er die Kälte im Danziger Winter 1708/09 gewählt. Fahrenheit konstruierte auch Aräometer und Barometer. 1724 wurde er Mitglied der Royal Society in London. Auf einer Reise im Jahre 1736 nach Den Haag, wo er sich mit Erfolg seine Erfindung einer Wasserhebemaschine patentieren lassen konnte, erkrankte er tödlich. Als er starb, war er arm; daher fiel seine Beisetzung in der Klosterkirche von Den Haag nur als Begräbnis vierter Klasse aus. Seine Temperaturskala ist noch heute in Großbritannien und den USA in Gebrauch.

Im Kreis Rosenberg, nicht weit von Deutsch Eylau, liegt Hansdorf, Geburtsort des Bakteriologen *Emil von Behring* (1854–1917), Sohn einer mit zwölf Kindern gesegneten Dorfschulmeisterfamilie. Als Stipendiat der Militärärztlichen Bildungsanstalten in Berlin (Pepinière) studierte er Medizin und wurde folgerichtig Militärarzt. Sein Forscherdrang ließ den jungen Stabsarzt zum Schüler und Mitarbeiter Robert Kochs werden, seit 1889 an dem von diesem geleiteten Hygienischen Institut der Berliner Universität, seit 1891 an dem eigens für Koch eingerichteten Institut für Infektionskrankheiten. Dort gelang Behring, in Zusammenarbeit mit zwei weiteren Wissenschaftlern, die Herstellung von Seren gegen Diphtherie und Tetanus, wodurch eine rapide Senkung der bis dahin hohen Sterblichkeit bei diesen Krankheiten

Kupferstich von Daniel Chodowiecki zu Christian Fürchtegotts Gellerts Fabel «Die kranke Frau». Aus: Genealogischer Kalender für Westpreußen auf das Jahr 1777.

möglich wurde. 1894 quittierte er den militärärztlichen Dienst, wurde Professor in Halle, 1895 in Marburg, dort auch Direktor des Hygienischen Instituts. Die Höchster Farbwerke bauten ihm in Marburg ein eigenes Werk. Das Jahr 1901 brachte dem Begründer der Serumheilkunde hohe ehrende Anerkennung: die Verleihung des ersten Nobelpreises für Medizin und die Erhebung in den erblichen Adelsstand.

Noch ein Nobelpreisträger war in Westpreußen beheimatet, der Physikochemiker *Walter Nernst* (1864–1941) aus Briesen, Mitbegründer der physikalischen Chemie. Er studierte an den Universitäten Zürich, Berlin, Graz und Würzburg und begann nach zweijähriger Assistenzzeit am chemischen Laboratorium von Prof. Ostwald in Leipzig dort seine Hochschullehrerlaufbahn. Deren nächste Station war Göttingen, wo er 1895 das Institut für Physikalische Chemie und Elektrochemie einrichtete und leitete. 1905 folgte er einem Ruf an die Berliner Universität, deren Rektor er 1921 wurde. Von 1922 bis 1924 war er Präsident der Physikalisch-Technischen Reichsanstalt, ab 1925 Leiter des Physikalischen Instituts der Berliner Universität. Noch vor der Jahrhundertwende (1897) erfand er die nach ihm benannte elektrische Glühlampe mit Metallfaden, Vorläuferin unserer heutigen Glühbirne. Seine bedeutendste Entdeckung war das sogenannte Nernstsche Theorem, der dritte Hauptsatz der Thermodynamik. 1920 erhielt er den Nobelpreis für Chemie.

EIN BILDENDER KÜNSTLER. In der Heilig-Geist-Gasse zu Danzig stand das Elternhaus von *Daniel Nikolaus Chodowiecki* (1726–1801), des hervorragendsten Zeichners und Radierers des deutschen Rokoko. Er begann als dilettierender Kopist, mußte nach dem frühen Tod des Vaters in eine Handelslehre eintreten, zuerst in Danzig, seit 1743 bei einem Onkel in Berlin. Über die Email- und Miniaturmalerei, die er routinemäßig zum Broterwerb betrieb, kam er schließlich zur Kupferstichkunst, seiner eigentlichen Domäne, die ihn zum gesuchten Illustrator von vielen Werken der Literatur, vor allem von Kalendern, Almanachen und Taschenbüchern machte. Ein Beispiel für viele: die Kupferstiche zu Gellerts Fabeln im «Genealogischen Kalender für Westpreußen» auf das Jahr 1777. Über 2000 Radierungen und wohl an die 4000 Zeichnungen stammen von seiner Hand. Am besten gelangen ihm realistische Szenen aus dem bürgerlichen Leben. Eine Kostbarkeit: das mit 108 Tusch-Federzeichnungen gestaltete Tagebuch seiner 1773 unternommenen Danzig-Reise. 1797 wurde Chodowiecki, der polnischer Abkunft war, Direktor der Akademie der bildenden Künste in Berlin.

EIN DARSTELLENDER KÜNSTLER. In den 1860er Jahren hatte sich im Kulmerland, im Kreis Briesen, in Jerrentowitz, das 1875 seinen ordenszeitlichen Namen Arnoldsdorf zurückerhielt, ein Tuchmachersohn aus Wittstock angekauft. Seiner Ehe mit der Tochter eines Hamburger Überseekaufmanns, in dessen Haus Johannes Brahms, Clara Schumann und Theodor Storm verkehrten, entsprang als jüngstes von fünf Kindern im Dezember 1874 ein Sohn. Dem gab der Arzt angesichts des bevorstehenden Aufbruchs nach Ostpreußen, wo der Vater im Kreis Rössel ein Rittergut erworben hatte, keine Überlebenschancen. Aber der sechs Wochen alte Säugling überstand die Winterreise. Es war *Paul Wegener* (1874–1948), der zu einem der suggestivsten Charakterdarsteller auf der Bühne und im Film werden sollte. Er war «eine ziemlich gemütliche ostdeutsch-massive Erscheinung» (Willy Haas), die sehr dämonisch-mongolisch wirken konnte. Als Zwanzigjähriger kam er zum Theater, spielte insgesamt 453 Rollen, klassische wie moderne. 1906 begann seine Berliner Zeit bei Max Reinhardt. Später führten ihn Gastspielreisen durch Europa und Südamerika. In Berlin stand er zwei Monate vor seinem Tod zum letztenmal auf der Bühne, als «Nathan der Weise».

Paul Wegener

Max Halbe

Schon 1913 hatte er sich dem Film zugewandt, auf den gut ein Drittel seiner enormen Arbeitsleistung entfiel. In der Stummfilmzeit trug er als Drehbuchautor, Regisseur und Hauptdarsteller maßgeblich dazu bei, daß aus «Kintopp» Kunst wurde. Sein Film «Der Student von Prag» und die beiden Golem-Filme zeugen davon.

SCHRIFTSTELLER. Der nach Gerhart Hauptmann meistversprechende Dramatiker des Naturalismus war *Max Halbe* (1865–1944), ein Gutsbesitzersohn aus Güttland im Danziger Werder. Seinen Bühnenruhm verdankt er dem in einem Dorf des Kulmerlandes angesiedelten, 1922 und 1938 verfilmten Liebesdrama «Jugend» (1893), das auch die nationalen und konfessionellen Probleme jener Region berührt. Das soziale Milieudrama «Eisgang» (1892), die Ehetragödie «Mutter Erde» (1897) und das eine Familienkatastrophe gestaltende Schauspiel «Der Strom» (1904) führen, wie noch manches andere Halbe-Stück, von der heimatlichen Landschaft des Dichters geprägte Menschen in ihren Konflikten vor. Auch als Erzähler hat sich Halbe, seit 1895 in München ansässig, einen Namen gemacht, etwa mit der Dorfgeschichte «Frau Meseck» (1897). Seine Autobiographien «Scholle und Schicksal» (1933) und «Schicksalswende» (1935) werden als kulturgeschichtliche Quellenwerke ihren Wert nicht verlieren.

Der als Dichter der Lüneburger Heide, als Verfasser eindringlicher Naturschilderungen, unvergeßlicher Tier- und Jagdgeschichten in die Literatur eingegangene *Hermann Löns* (1866–1914), der zu Beginn des Ersten Weltkrieges bei einem Sturmangriff auf Reims fiel, kam als Kind westfälischer Eltern im Weichselstädtchen Kulm zur Welt; in einem angeblich nicht ganz geheuren Haus, in dem es nur Totgeburten geben sollte. Weswegen der polnische Besitzer, heilfroh, diese fatale Legende widerlegt zu sehen, dem Vater des Dichters, einem Oberlehrer am katholischen Gymnasium, für ein Jahr die Miete erließ. Schon 1867 zog die Familie nach Deutsch Krone, wo sie blieb, bis sich der Vater ins westfälische Münster versetzen ließ. Bis zu seinem 18. Lebensjahr hatte Hermann Löns Gelegenheit, die westpreußische Landschaft kennen- und liebenzulernen. Sie war ihm Heimat.

Der junge Oskar Loerke

«Du Wellenklang vom grünen See,
du Lied aus Volksmund, wild und weh,
Du Rauschen von dem dunklen Föhr –
wer weiß, ob ich dich nochmals hör!»

So schließt ein «Heimatklänge» genanntes Gedicht des Zwanzigjährigen.

Vom linken Weichselufer, aus dem Dorfe Jungen bei Schwetz, stammt *Oskar Loerke* (1884–1941), Sohn eines Hof- und Ziegeleibesitzers, einer der großen Lyriker deutscher Sprache. «Das Schwerblütige, das in seiner Natur steckt, hat in der westpreußischen Landschaft seiner Kindheit und Jugend ihr eines großes Erlebnis bewahrt. Ein anderes wurde ihm durch die Reise nach Afrika gewährt, die sich ...durch die Verleihung des Kleistpreises ergab» (H. Kasack). Er hatte den Preis 1913 für seine bis dahin entstandenen Erzählungen und Gedichte erhalten. Schon früh kam, auf einfacher Stufe, die Begegnung mit gebundener Sprache zustande. «Bei einer polnischen Kinderfrau, die aus dem Stegreif auf alle Dinge Lieder und Sprüche wundervoll lebendig herzusagen wußte..., lernte er...die erste Lust an Versen, deren er wohl selbst einige – zuerst in polnischer Sprache – zu reimen versuchte.» So steht es in der 1909 von Loerke für ein Autorenlexikon verfaßten Aussage zu seiner Person. In manches seiner Gedichte haben Heimat und Herkunft Eingang gefunden, auch in seinen einzigen Roman «Der Oger» (1921), eine Chronik dreier bäuerlicher Generationen. Von 1917 bis zu seinem Tode hat Oskar Loerke als Lektor im S. Fischer Verlag gewirkt, in Berlin.

In Danzig schließlich wurde 1927 *Günter Grass* geboren, der auch als Schöpfer eines umfangreichen graphischen Werkes zu nennen ist. Seine barock anmutende Erzählträchtigkeit hat ihm das Prädikat eines «Rabelais aus der Kaschubei» eingebracht. Von seinem ersten Roman an, «Die Blechtrommel» (1959), ist immer wieder Danzig in seinem Erzählwerk präsent; allerdings kein idyllisch-romantisch verklärtes Danzig. Grass gibt, mit an Döblin geschulter Technik, die

Topographie des kleinbürgerlichen Danziger Milieus, das er mit satirisch aufgeladener Zeit- und Gesellschaftskritik durchleuchtet. 1965 erhielt er den Georg-Büchner-Preis.

POLITIKER. Wie sein Vater, ein ehemaliger reformierter Pfarrer, war auch *Johann Georg Adam Forster* (1754–1794) aus Nassenhuben im Danziger Werder zunächst Naturforscher. 1765 begleitete er den Vater auf eine große Rußlandreise, 1772–1775 auf Cooks zweiter Weltumsegelung. Nach Lehrtätigkeit in Kassel und Wilna wurde er 1788 Leiter der Mainzer Universitätsbibliothek. Eine 1790 mit dem jungen Alexander von Humboldt unternommene Reise durch Westeuropa, beschrieben in den «Ansichten vom Niederrhein» (1791–1794), zeigt in der Darstellung der wirtschaftlichen und politischen Verhältnisse den Autor als bürgerlich-revolutionären Demokraten. Der Forderung seiner politischen Schriften nach konkreter Verwirklichung von Humanität entsprach die Tat. Nach der Besetzung von Mainz durch französische Revolutionstruppen (Ende 1792) wurde Forster Mitglied, wenig später Präsident des Mainzer Jakobinerklubs. Als Abgeordneter des Rheinisch-Deutschen Nationalkonvents unterbreitete er 1793 in Paris das Anschlußersuchen des aus dem linksrheinischen Gebiet des Kurfürstentums Mainz gebildeten Rheinisch-Deutschen Freistaats. Die Änderung der politischen Lage am Rhein machte Forster die Rückkehr unmöglich. Er blieb in Paris, wo er bereits Anfang 1794 nach kurzer, schwerer Krankheit starb, in Deutschland als «Verräter» geächtet.

Als «Verräter» wurden 150 Jahre später die Männer des 20. Juli diffamiert, die Männer des Widerstands gegen Hitler. Zu ihnen gehörte der in Marienwerder aufgewachsene *Carl Friedrich Goerdeler* (1884–1945), ein Verwaltungsjurist und Kommunalpolitiker, 1920–1930 zweiter Bürgermeister in Königsberg, seit 1930 Oberbürgermeister von Leipzig. Von diesem Amt trat er 1937 aus Protest gegen die Maßnahmen des NS-Regimes zurück, war seit 1939 der führende Kopf der

Gießer-Schild, Glocke in Fürstenwerder, Kr. Marienburg

konservativen Kräfte der Widerstandsbewegung. Für den Fall von Hitlers Sturz war er zum provisorischen Reichskanzler ausersehen. Nach dem mißglückten Attentat auf Hitler am 20. Juli 1944 mußte er untertauchen. Seine Flucht vor der Gestapo führte ihn nach Westpreußen, dem Feld seiner Aktivitäten während der Volksabstimmung 1920. In Marienwerder wollte er das Grab seiner Eltern aufsuchen, wurde erkannt, konnte entkommen, wurde im Kreis Stuhm erneut erkannt, denunziert, verhaftet. Am 8. September 1944 hat man ihn zum Tode verurteilt, am 2. Februar 1945 in Berlin-Plötzensee hingerichtet. Sein Bruder *Fritz Goerdeler* (1886–1945), einst Bürgermeister von Marienwerder (1920–1933), erlitt als Mitwisser der Verschwörung gegen Hitler einen Monat später das gleiche Schicksal. Während seiner Flucht hat Carl Goerdeler Erinnerungen an seine Jugend in Schneidemühl und Marienwerder sowie Gedanken über «Die Aufgaben deutscher Zukunft» niedergeschrieben.

Auch in der Zeit seiner Haft hat er sich mit der Zukunft Deutschlands beschäftigt und ihr mehr als eine programmatische Denkschrift gewidmet.

Von den zwölf Jahren NS-Diktatur hat *Kurt Schumacher* (1895–1952), der als Mitglied der sozialdemokratischen Reichstagsfraktion (1930–1933) mutig und kompromißlos den Nationalsozialismus bekämpfte, fast zehn Jahre im KZ zubringen müssen. Der Kaufmannssohn aus Kulm, der im Ersten Weltkrieg, in den er als Freiwilliger gezogen war, den rechten Arm eingebüßt hatte, stieß 1918 zur SPD. Ihre Neugründung im Mai 1945 war in erster Linie sein Werk. Energisch stellte er sich gegen die Vereinigung von SPD und KPD. Als Oppositionsführer im Bundestag, seit 1949, war er der Antipode Adenauers, trat aber für die Wiederherstellung der nationalen Einheit Deutschlands ein. Kurt Schumachers «unverlierbares vaterländisches Verdienst» sieht Theodor Heuss darin, «daß er es vor allem gewesen ist, der den Einbruch der totalitären Ideologien abgefangen und damit die Sicherung einer demokratischen Entwicklung sachlich und seelisch gestützt hat».

BERÜHMTE GÄSTE. Aber auch aus anderen Breiten kamen bekannte und bedeutende Persönlichkeiten nach Westpreußen, um dort für kürzere oder längere Zeit zu leben und zu wirken, wie etwa im Dreißigjährigen Krieg die

Karl Friedrich Schinkel, Marienwerder (1834)

Barockdichter *Martin Opitz* und *Andreas Gryphius* in Danzig, wie der tschechische Pädagoge und Theologe *Jan Amos Komenský* (Comenius) oder der Komponist *Georg Friedrich Händel* in Elbing. Der spätere Feldmarschall *Blücher,* ein gebürtiger Pommer, war von 1774 bis 1780 Gutspächter bei Flatow, und 1791/92 hält sich der Philosoph *Johann Gottlieb Fichte* als Hauslehrer beim Grafen Krockow auf Krockow im Kreis Putzig auf. Im Sommer 1834 lernt auf einer Dienstreise der Architekt und Maler *Karl Friedrich Schinkel,* der bereits 1819 die Marienburg besucht hatte und seitdem zu ihren Wiederherstellern gehörte, u. a. die Städte Kulm, Marienwerder, Elbing und Danzig kennen, wobei manche Skizze entsteht.

Fast eineinhalb Jahre, von März 1838 bis Juli 1839, verbringt der Dichter *Fritz Reuter* als preußischer Staatsgefangener in einer Kasematte der Festung Graudenz. Im Juli 1898 beendet *Rainer Maria Rilke* in Zoppot sein vorwiegend in Italien geschriebenes «Florenzer Tagebuch», und «im hohen Buchenerker des Parkes von Oliva» erhält eines seiner Gedichte die letzte Formung. Ende August 1905 kommen *Thomas* und *Katia Mann* als Jungvermählte nach Zoppot, wo die Stadtväter dem *deutschen Kronprinzen,* der als Kommandeur der Danziger «Totenkopf-Husaren» 1911–1913 mit seiner Familie in Danzig-Langfuhr wohnte, eine Villa zur Verfügung stellen.

Anfang Oktober 1927 erhält Reichspräsident *von Hindenburg* zu seinem 80. Geburtstag als Zeichen des Dankes für die Rettung Ostpreußens im Ersten Weltkrieg den einstigen westpreußischen Familienbesitz seiner Vorfahren als Geschenk: das Gut Neudeck im Kreis Rosenberg, wo er von nun an alljährlich seinen Urlaub verbringt und wo er 1934 stirbt.

Stellvertretend für alle genannten und nichtgenannten bedeutenden Westpreußen-Besucher oder zeitweilig in Westpreußen Behausten soll von einem aus ihrer Schar etwas ausführlicher die Rede sein, vom Dichter *Eichendorff.*

DICHTER UND DIENER

Der Name Eichendorff läßt gewöhnlich sofort und fast ausschließlich an die dauerhaftesten Schöpfungen des beliebten deutschen Romantikers denken, an die «Taugenichts»-Novelle und an Gedichte, in denen Fern- und Heimweh, Welt- und Gottvertrauen einfach und innig ausgesprochen sind. Daß der aus Oberschlesien stammende Dichter (1788–1857) wegen der verfahrenen wirtschaftlichen Situation der Eltern genötigt war, sein Unterkommen im Staatsdienst zu suchen, in dem er 35 arbeitsreiche Jahre ausgehalten hat, wird dabei zu leicht vergessen. Fast ein Drittel seiner Amtszeit hat Eichendorff im Osten der preußischen Monarchie zugebracht.

Kurz vor Weihnachten 1820 wird der junge Assessor bei der Regierung in Breslau auf seine Zusage, «die mit dem erledigten Amte eines katholischen Konsistorial- und Schulrats verbundenen Geschäfte, die Kirchen- und Schulangelegenheiten dieser Konfession betreffend, bei dem Königlichen Oberpräsidium, wie auch Konsistorium der Provinz Westpreußen und der ersten Abteilung der Regierung zu Danzig zu versehen», vom preußischen Kultus- und Unterrichtsminister angewiesen, «sich des Endes unverzüglich nach Danzig zu begeben...»

In der zweiten Januarhälfte 1821 reist Eichendorff in die alte Hansestadt. Von seinem Vorgesetzten, dem Oberpräsidenten von Westpreußen Theodor v. Schön (1773–1856), wird er bald zusätzlich mit der Wahrnehmung des zu der Zeit unbesetzten Postens bei der Regierung in Marienwerder betraut. Der Kultusminister in Berlin genehmigt diese Maßnahme, verfügt aber in der Befürchtung einer Überbelastung Eichendorffs, daß dieser nur «provisorisch nach Bedürfnis auch in Marienwerder beschäftigt werde mit Ersatz der Reisekosten und billigem Diätensatz».

So muß er zwischen den beiden Regierungsstädten pendeln, auch sonst mit seinem Chef viel unterwegs sein. Kein leichtes

Joseph Freiherr von Eichendorff

Leben. Das bedauert besonders der in Oliva residierende Fürstbischof des Ermlandes, Joseph Reichsgraf von Hohenzollern-Hechingen (1776–1836), der Eichendorff sehr schätzt («...er ist mein Freund und bester Umgang allhier») und in einem Brief dessen Situation beklagt: «...ohnehin ist der Mann mit Arbeiten überhäuft und oft leider abwesend, da er der beständige Reisegefährte des Herrn von Schön ist.» Der Fürstbischof, auf dessen Bitte Eichendorff ein Marienlied verfaßte, hat diesen auch um Mithilfe bei kirchlichen Angelegenheiten ersucht. So berichtet er ihm von Bemühungen um «die arme, verlassene und so zahlreiche katholische Gemeinde in Marienwerder» und bittet ihn, den Oberpräsidenten «für unsere Anträge in betreff des Kirchenbaues in Marienwerder, geneigt zu stimmen!» Doch erst 1858 kam es zu dessen Realisierung, ein Jahr nach Eichendorffs Tod.

Zwischen dem recht selbstherrlichen, kühlen Kantianer Schön und dem bescheidenen Katholiken Eichendorff bestanden unüberbrückbare weltanschauliche Gegensätze; dennoch entwickelte sich zwischen dem gebürtigen Memelländer und dem 15 Jahre jüngeren Schlesier ein herzliches, von seiten des Älteren freundschaftliches Verhältnis, wovon der bis zu Schöns Tod währende Briefwechsel zeugt.

Eichendorff, im September 1821 zum Regierungsrat befördert, hat das ihm übertragene Aufgabengebiet gewissenhaft verwaltet, wie etwa seine Abhandlung «Die Verbesserung des catholischen Kirchenwesens in Westpreußen betreffend» erkennen läßt; ein Gutachten, dessen tiefgläubiger katholischer Verfasser nicht vor herber Kritik zurückschreckt, wenn er «die außerordentliche Roheit des Klerus» anprangert und die Klöster als «barbarische Schlupfwinkel der Trägheit und der Unwissenheit» bloßstellt.

Mit der Vereinigung der Provinzen Ost- und Westpreußen im Jahre 1824 findet Eichendorffs Danziger Zeit ihr Ende, denn er muß Schön, dem Oberpräsidenten der neuen Provinz, als Oberpräsidialrat nach Königsberg folgen, für sieben Jahre. Dort, so «nahe der Schneelinie», hat er sich nie recht wohl gefühlt. «Danzig wird hier nicht so bald sein», äußerte er zu Schön, mit dem er zunächst, wie dieser brieflich mitteilt, «auf dem alten wüsten Schlosse» hauste.

Die dreieinhalb Danziger Jahre waren für Eichendorff, trotz starker dienstlicher Beanspruchung, eine auch für seine Muse ergiebige Lebensphase. In Danzig, wo er in der Langgasse wohnte, im Sommer aber mit der Familie auf einem idyllischen Landsitz bei Langfuhr leben konnte, entstanden die dramatische Satire «Krieg den Philistern», Teile des Lustspiels «Die Freier», Gedichte, Lieder, so für die Danziger Liedertafel, und – außer den beiden ersten Kapiteln – die unsterbliche Novelle «Aus dem Leben eines Taugenichts».

In Danzig hatte sich Eichendorff gar bald amtlicherseits mit dem Komplex Marienburg zu befassen. Die Wiederherstellung der einstigen Hochburg des Deutschen Ordens als eines bedeutenden Kultur- und Nationaldenkmals, zu Beginn des 19. Jahrhunderts beschlossen und begonnen, infolge der Ereignisse von 1807 eingestellt und erst nach Beendigung der Freiheitskriege richtig in Angriff genommen, war ein Herzensanliegen des Oberpräsidenten Schön. Auf seinen Wunsch verfaßte Eichendorff das Gedicht «Der Liedsprecher», das 1822 bei einem Besuch des preußischen Kronprinzen im restaurierten großen Remter der Marienburg vorgetragen wurde. Schön ist es, der dem Dichter 20 Jahre später, nach dem vorläufigen Abschluß des Wiederherstellungswerks, dessen Geschichte zu schreiben vorschlägt und deshalb für den seit 1831 in Berlin im Ministerium Tätigen (wiederholt verlängerten) Urlaub beantragt.

Im Mai 1843 reist Eichendorff nach Danzig. Dort kommt im Hause seines Schwiegersohns als Resultat eingehender Quellenstudien sein begeistertes und begeisterndes Marienburg-Buch zustande: «Die Wiederherstellung des Schlosses der deutschen Ordensritter zu Marienburg». Das Heinrich-von-Plauen-Drama «Der letzte Held von Marienburg» hatte der Dichter bereits in seinen Königsberger Jahren geschrieben. Die Wiederbegegnung mit der einstigen Wirkungsstätte an der Mottlau aber läßt eines seiner bekanntesten und schönsten Gedichte entstehen:

IN DANZIG

Dunkle Giebel, hohe Fenster,
Türme tief aus Nebeln sehn,
Bleiche Statuen wie Gespenster
Lautlos an den Türen stehn.

Träumerisch der Mond drauf scheinet,
Dem die Stadt gar wohl gefällt,
Als läg zauberhaft versteinet
Drunten eine Märchenwelt.

Ringsher durch das tiefe Lauschen
Über alle Häuser weit,
Nur des Meeres fernes Rauschen –
Wunderbare Einsamkeit.

Und der Türmer wie vor Jahren
Singet ein uraltes Lied:
Wolle Gott den Schiffer wahren,
Der bei Nacht vorüberzieht!

DANZIG – STOLZE PRACHT AUS STEIN

«Die alten Häuser reden hehre Kunde
Von großen Männern und von stolzer Zeit:
Nie lagst Du müßig eine karge Stunde;
Dein Sein, Du Danzig, atmet Ewigkeit.»

Hellmut Draws-Tychsen (1903–1973)

Es ist gewiß nur recht und billig, in diesem Buch auch der einstigen westpreußischen Provinzialhauptstadt ein Kapitel zu widmen, der altehrwürdigen Hansestadt Danzig, deren historischer Kern nach der Auslöschung im Jahre 1945 in seiner vertrauten Gestalt auf einzigartige Weise weitgehend wiederentstanden ist. Aber wo anfangen, wo aufhören bei der Schilderung dieser einmaligen Stadt! Ein paar Farbtupfer müssen genügen.

In den Erinnerungen gebürtiger Danziger, aber auch der «Zugereisten», rangiert die architektonische Schönheit ihrer Heimatstadt an erster Stelle. Länger als manch andere Stadt von entsprechendem Rang im Reich hat sich Danzig die geschlossene bauliche Einheit seines Herzstücks, der Recht- und Altstadt, bewahren können, bis tief ins 19. Jahrhundert hinein; nicht zuletzt dank seiner «fernöstlichen», eine relativ ruhige Entwicklung gewährenden Abseits- und Randlage, nicht zuletzt dank seiner Macht als angesehener Stadtstaat. Das 1457 vom polnischen König erteilte Münzprivileg (auch Thorn genoß es) war nur eines von vielen Sonderrechten, die sich das seit 1361 dem Bund der Hanse angehörende «Venedig des Nordens» unter der bis 1793 währenden polnischen Oberhoheit garantieren zu lassen verstand. Diese bestand seit dem Jahr 1454, als sich Danzig gegen den Orden entschied und den polnischen König als Schutzherrn anerkannte (Huldigung 1457), ohne deswegen jedoch die politische Selbständigkeit einzubüßen, auf die es sehr bedacht war.

Als 120 Jahre später der zum König gewählte siebenbürgische Fürst Stephan Báthory dem stolzen Gemeinwesen an Mottlau und Weichsel weder die alten Privilegien noch den konfessionellen Sonderstatus (Zugehörigkeit zur Augsburger Konfession) bestätigen wollte, verweigerte es ihm die Huldigung. Die Folge: ein militärisch erfolgloser Krieg des Königs gegen Danzig (1576/77), das im Genuß seiner verbrieften Rechte blieb, allerdings gegen Leistung einer «Abbitte» und Zahlung von 200 000 Gulden.

Einem anderen polnischen König hingegen gewährten die Danziger Schutz, dem immer wieder bei den Versuchen um Durchsetzung seiner Ansprüche auf den polnischen Thron gescheiterten Schwiegervater Ludwigs XV. von Frankreich: Stanislaus Leszczyński. In dem durch ihn ausgelösten Polnischen Erbfolgekrieg (1733–1735) flüchtete er sich nach Danzig, das ihn aus politischem Kalkül als König anerkannte, sich dadurch eine mehrmonatige Belagerung durch sächsische und russische Truppen einhandelte und nur infolge der Flucht von Stanislaus (in Frauenkleidern, zunächst nach Marienwerder) der Übergabe der nicht mehr länger zu haltenden Festung entging.

Solche Ereignisse blieben nicht ohne nachteilige Auswirkungen auf die wirtschaftliche Situation der Stadt, deren Hoch-

Francesco Valegio, Danzig (um 1600)

blüte auf dem Handelssektor bereits nach der Mitte des 17. Jahrhunderts durch den Zweiten Schwedisch-Polnischen Krieg sehr beeinträchtigt worden war.
Schweren wirtschaftlichen Schaden erlitt Danzig sodann ab 1772 durch die von Friedrich II. betriebene Isolierung der seit der Ersten Polnischen Teilung in die Zange zwischen Preußen und Rußland geratenen, nach wie vor auf Eigenständigkeit bedachten Stadt, die erst 1793 (Zweite Polnische Teilung) an Preußen kam, schließlich zu Beginn des 19. Jahrhunderts durch Napoleons Eroberungskriege. Etwa von der Mitte des Jahrhunderts an setzte ein rascher Aufschwung ein, zu dem besonders die Industrialisierung beitrug.
Aber mit dem Jahre 1793 nahm die lange politische Selbständigkeit Danzigs ein Ende, das bis dahin bei den wichtigsten Ostsee-«Anliegerstaaten» diplomatisch und konsularisch

Danziger Kaufherr (um 1600)

vertreten war, in anderen Staaten seine Belange durch Gesandtschaften wahrnehmen ließ. Entsprechend gab es in Danzig vorübergehend oder ständig residierende Vertretungen fremder Staaten und im 19. Jahrhundert die konsularische Präsenz aller europäischen Großmächte und sogar einiger außereuropäischer Staaten (USA, Mexiko, Brasilien), die ihrerseits wichtig für die wirtschaftliche Blüte waren.
Dem Gesicht der Stadt haben die Zeitereignisse nicht viel anhaben können. Erst Mitte der 1890er Jahre, so erinnert sich als Siebzigjähriger der Dramatiker Max Halbe (1865–1944), ein Kind des Werders, verschwanden «die hohen grünbewachsenen Wälle, die tiefen schwarzen Festungsgräben, die steinernen Fortifikationen», welche «die alte wehrhafte Stadt wie mit einem undurchdringlichen Panzer umgürteten». Erhalten geblieben aber waren «ihre alten Straßen und Plätze, ihre Brunnen und Tore, ihre Giebel, Erker und Beischläge», die alle noch «das breitüppige Punkgewand der Barockzeit» trugen.
Der 25 Jahre jüngere Schriftsteller Hans von Hülsen (1890–1968), ein westpreußischer Pfarrerssohn, der 1910 in Danzig sein Abitur ablegte, stellt zwar in den «Denkwürdigkeiten» aus seinem Leben (1947) fest, daß «die alte Hansestadt an der Ostsee...nach so glorreicher Geschichte in die stille Anspruchslosigkeit einer ostdeutschen Mittelstadt zurückgesunken» war, bekennt aber: «Ich danke ihr..., ihrem altberühmten Theater, ihren beiden Zeitungen, ihrer Stadtbibliothek, die ich eifrig benutzte, und schließlich ihrem Stadtbild und hanseatischen Milieu die frühesten nachhaltigen Eindrücke meines Lebens...»
Da wir gerade das Danziger Theater erwähnt haben: es wurde 1798–1801 am Kohlenmarkt errichtet und konnte 1600 Zuschauer fassen. An seiner Stelle steht heute ein großzügiger moderner Neubau. Erhalten blieb die 1909 erbaute berühmte Waldoper im nahen Zoppot, Europas größte Freilichtbühne, auf der alljährlich ein internationales Lieder- und Jazzfestival stattfindet. Am alten Danziger Stadttheater hat übrigens in

den Anfängen seiner Bühnenlaufbahn der Schauspieler Hans Söhnker (1903–1981), seit 1933 einer der beliebtesten deutschen Filmdarsteller, in den 1920er Jahren vier Spielzeiten absolviert. Auch er war von «der unvergeßlich schönen Stadt an der Weichsel» fasziniert. «Ich habe diese Stadt geliebt», heißt es in dem Erinnerungsbuch seines Lebens (1974). «Noch heute steht sie vor meinen Augen in ihrem alten Glanz. Versöhnlicher Gedanke, daß sie von den Polen so liebevoll und stilgetreu wiederhergestellt worden ist.»

Für Thomas Mann (1875–1955), der im März 1927 einer Einladung der polnischen Sektion des PEN-Clubs nach Warschau folgte, war es eine Selbstverständlichkeit, anschließend auch nach Danzig zu fahren, «das man natürlich nicht liegen lassen kann»; er las dort im Kunstverein aus seinem Essay «Goethe und Tolstoi».

Als 1937 der Schweizer Historiker, Schriftsteller und Diplomat Carl Jacob Burckhardt (1891–1974) als letzter Hoher Kommissar des Völkerbundes für den Freistaat Danzig sein schweres Amt antrat, lernte er, wie er später niederschrieb, «von Tag zu Tag mehr bezaubert, eine der schönsten alten Städte des nordöstlichen Europa kennen; ein von den letzten zweihundert Jahren unversehrt gelassenes Stadtbild; helle, heitere, ich möchte sagen: musikalische Plätze; geschmückte Straßenzüge; breite, barocke, aber auch gotisch enge Gassen, die sich um die Festung, die feste Burg, die Kathedrale, die trotzige Marienkirche, drängten. Ich sah gewaltige, altertümliche Speicher und alte Handelshäuser an Strom und Grachten». In der Tat, wohl niemand hat sich dem Zauber Danzigs entziehen können, der von der gediegenen Pracht seiner einmaligen Architekturlandschaft ausgeht.

Denkt man bei dem letzten Wort des Burckhardt-Zitats sofort an Amsterdam, so stellen sich bei dem Elbinger Schriftsteller Paul Fechter (1880–1958) bei einem Gang «den Langen Markt hinauf auf das zierliche Wunder des Rathausturms zu» Assoziationen «an Ypern, an Brügge, an die ferne flandrische Welt» ein. Nur zu berechtigt; denn unter den etwa von der Mitte des 16. Jahrhunderts an ins Polnische und auch Herzogliche Preußen eingewanderten Niederländern, die ihres Glaubens wegen die Heimat aufgegeben hatten, waren nicht nur Siedler, sondern auch Künstler – Baumeister, Bildhauer, Maler, die in Danzig ein reiches Betätigungsfeld fanden.

Der bedeutendste von ihnen war der dort seit 1586 ansässige Antoni van Obbergen (1543–1611) aus Mecheln, ein Baumeister und Festungsingenieur, der für die Entwicklung der flandrischen zur Danziger Renaissance entscheidende Baukünstler. Seit 1592 bis zu seinem Tode Stadtbaumeister, hat er der Hansestadt prägnante architektonische Akzente verliehen. Die Innenausstattung des Rechtstädtischen Rathauses auf dem Langen Markt, der Neubau des Altstädtischen Rathauses und viele Patrizierhäuser sind sein Werk, auch der 1895 großenteils beseitigte, aus Bastionen bestehende Befestigungsgürtel um die Stadt und der Ausbau der Festung

Ein Magd zu Dantzig.

Das ist der Mägd zu Dantzig Tracht/
Von vielen Jaren her gebracht/
Wann sie Wasser tragen zu Hauß/
Wie diese Figur weiset auß.

Wiewol jhr Kleidung ist gering/
So ist es doch ein wunder ding/
Daß man jhr nicht entrathen kan/
Und findet jede jhren Mann.

Ein Braut zu Dantzig.

ES ligt ein Statt in Preussenland
Gar weit berühmbt Dantzig genannt/
Wann da ein Jungfraw wol gestalt
Jhren Christlichen Kirchgang halt/

Wird sie auff diese weiß gezlert/
Wann man sie zu der Kirchen führt/
Jch hab mein Lebtag nie gesehn
Ein schöner Braut zu Kirchen gehn.

Aus Jost Ammanns Trachtenbuch (1586)

Danziger Bucht zwischen Weichselmünde und Rixhöft (aus Pufendorf, 1696)

Weichselmünde. In Thorn hat er Umbau und Innenausbau des Altstädtischen Rathauses durchgeführt.
So fand in Danzig von etwa der Mitte des 15. Jahrhunderts bis über die Mitte des 16. Jahrhunderts hinaus die Um- und Neugestaltung des bislang gotisch bestimmten Stadtbildes im Zeichen der Renaissance statt, die auf dem Umweg über die Niederlande, aber auch direkt aus Italien, via Deutschland und Polen, in die repräsentations- und kunstfreudige nördliche Handelsstadt gelangte, in der es in Gestalt wohlhabender Kaufherren genügend finanzkräftige Bauherren gab.
Eine Sonderstellung unter Danzigs Renaissance-Bürgerhäusern nimmt das 1569/70 erbaute «Englische Haus» in der Brotbänkengasse ein (zwischen Langem Markt und Frauengasse), allein wegen seiner die Norm in Höhe und Breite überschreitenden Ausmaße. Dieses größte Bürgerhaus der Stadt ist ein Werk von Hans Kramer, der 1565 aus Dresden als Stadtbaumeister nach Danzig kam. Es hat acht Geschosse, davon drei im Giebel, und die doppelte Breite des üblichen Patrizierhauses, daher auch drei Fensterpaare.
«Häuser von mehr als drei Fenstern in der Front gab es in meiner Jugend in Danzig nur wenige; sie gehören wohl noch zu den Ausnahmen; weit häufiger sind die, welche nur zwei Fenster aufzuweisen haben...» Diese Mitteilung, die sich auf 200 Jahre nach der Errichtung des «Englischen Hauses» herrschende Verhältnisse bezieht, stammt von Johanna Schopenhauer (1766–1838), der Mutter des Philosophen, einer zu ihrer Zeit beliebten Reise- und Romanschriftstellerin. Auch ihr (1650 erbautes) Geburtshaus in der das Mottlau-Ufer mit dem Holzmarkt verbindenden Heilig-Geist-Gasse «gehörte zu der in Danzig gewöhnlichsten, drei Fenster breiten Mittelgattung...» Seine einzige Zierde «besteht darin, daß statt der Götter, Engel, Vasen, Adler, Pferde und anderen Getiers, das dort von der Höhe anderer Häuser auf die Straße hinabschaute, auf der höchsten Giebelspitze desselben eine große metallene Schildkröte auf dem Bauche liegt und mit nach allen Weltgegenden ausgestreckten, stark vergoldeten Pfoten und Kopf beträchtlich nickt und zappelt, wenn der Wind heftig weht.»
In derselben Straße steht auch das Geburtshaus des großen Zeichners und Radierers Chodowiecki (1726–1801), das natürlich in dem Skizzenbuch seiner Danzig-Reise anno 1773 nicht fehlt. Auch von der damals gerade sieben Jahre alten Johanna Schopenhauer, welche die private Kleinkinderschule seiner Mutter besuchte, fertigte er eine Zeichnung an; das «Modell» hat sie später leider durch «Austuschen» verdorben.
Zurück zum «Englischen Haus», dessen Besonderheit zusätzlich durch zwei sich kreuzende Satteldächer mit aus ihrem Schnittpunkt aufstrebendem achteckigem Türmchen betont wird. Über die Herkunft seines Namens herrschen unterschiedliche Auffassungen. Es soll, zumindest in den oberen Stockwerken, zur Lagerung von Waren gedient haben – den englischen Kaufleuten. Solche waren schon seit Ende des 14. Jahrhunderts in Danzig ansässig. Eine beachtliche englisch-schottische Kolonie gab es in Elbing, wo sich von 1579 bis 1628 die Eastland Company, eine Handelsgesellschaft, niedergelassen hatte. (In diesem Zusammenhang sind die Namen zweier einstiger Danziger Vorstädte bemerkenswert: Alt- und Neuschottland.) Nach anderer Ansicht soll das «Englische Haus» in Danzig seinen Namen von der Engelfigur am Giebel erhalten haben oder von dem Gasthof, der sich im 19. Jahrhundert in dem so ganz aus dem Rahmen fallenden Gebäude etabliert hatte. Von 1872 bis 1875 war sein Eigentümer ein Danziger Bürger, der die Würde eines portugiesischen Konsuls bekleidete.
So ließe sich noch lange fortfahren mit dem Berichten der Schicksale Alt-Danziger Häuser und vieler anderer Bauwerke der Hansestadt, kirchlicher und weltlicher, deren Entstehung zum Teil bis ins 14. Jahrhundert zurückreicht, denn: «Danzig ist Ordenszeit und 17. und 18. Jahrhundert; es ist Mittelalter und Renaissance, stärkste Gotik und in Barock sich wandelnde Gotik – eine Bürgerstadt und eine Patrizierstadt, vor

allem aber eine gewachsene, nicht durch mißbrauchtes Wirtschaftsglück plötzlich in der natürlichen Entwicklung gestörte...Stadt» (Paul Fechter).

Unter den Künstlern, die dort den Übergang von der Hochrenaissance zum Barock vollzogen haben, befand sich der um 1630 aus Hamburg zugewanderte Bildhauer Adreas Schlüter († 1652), der auch als Architekt tätig war. Sein Enkel könnte der um 1660 wahrscheinlich in Danzig geborene jüngere Andreas Schlüter sein († 1714 in St. Petersburg), der zum unbestrittenen Großmeister des norddeutschen Barock aufstieg und dem besonders die Berliner Residenz viel verdankt. Die Anfänge des Schaffens dieses genialen Bildhauers und Baumeisters lagen in Danzig.

Dort ist in den Stilepochen des Barock, des Rokoko und des Klassizismus an Stelle von Neubauten vielfach die Umgestaltung vorhandener Bausubstanz erfolgt. Die bildhauerisch üppige Ausschmückung der Fassaden trat zugunsten der Innenausstattung und der künstlerischen Gestaltung der Terrassenvorplätze, der «Beischläge», zurück. Parade-Beispiel für das Danziger Rokoko: das 1766 für den vornehmen Bürger Uphagen in der Langgasse erbaute Haus.

Beischläge in der Langgasse zu Danzig (um 1860)

Mit den Beischlägen, durch welche, Johanna Schopenhauer zufolge, «die alte nordische Stadt ein fast südliches Ansehen gewinnt und in denen in meiner frühen Jugend ein großer Teil des häuslichen Lebens mit jetzt unglaublicher Offenherzigkeit, fast so gut als auf freier Straße, betrieben wurde», mit den Beischlägen also hat es folgendes auf sich: «Dieser Danzig eigentümliche Ausbau vor dem Hause besteht in einer die ganze Front einnehmenden, mehrere Stufen über die Straße erhöhten Terrasse. An beiden Seiten ist er durch schwere eiserne Ketten abgegrenzt, die an steinernen, von mächtigen Kugeln gekrönten Pfeilern befestigt sind. Unser Beischlag hatte eine schöne Linde zur Seite, die in den heißen Tagen willkommenen Schatten bot. Steinerne Bänke gewährten bequeme Sitzplätze, von denen man das Leben und Treiben auf der Straße beobachten konnte. So erinnere ich mich, von dort aus den Einzug König Friedrich Wilhelms III. mitangesehen zu haben, der an unserem Hause vorüberkam.» Es war ein Haus in der Jopengasse, der Verlängerung der Brotbänkengasse in Richtung Kohlenmarkt, das Geburtshaus Ernst von Leydens (1832–1910), eines führenden deutschen Klinikers für Innere Medizin, dessen Lebenserinnerungen wir hier zitiert haben.

Auf recht eigenartige, fast abenteuerliche Weise ist die Front eines spätmittelalterlichen Danziger Hauses bis heute erhalten geblieben, wenn auch nicht an seinem ursprünglichen Platz in der Brotbänkengasse. Es handelt sich um das bedeutendste mittelalterliche Werksteinhaus, ein um 1520 im Stil der rheinischen Haustein-Spätgotik erbautes Gebäude mit horizontal abschließendem, zinnenbesetztem Giebel. Es wurde, wie Johanna Schopenhauer, deren Onkel mütterlicherseits es einst gehörte, zu berichten weiß, «auf allerhöchsten Befehl gekauft, abgebrochen und auf die Pfaueninsel bei Potsdam verpflanzt...» So geschehen 1824. Hinter dem «allerhöchsten Befehl» stand König Friedrich Wilhelm III., der auf dieser Havel-Insel, dem einstigen Kaninchenwerder, ein romantisches Gartenparadies entstehen ließ. Das dort

nach Plänen von Karl Friedrich Schinkel erbaute Kavalierhaus erhielt die schlanke, schmale Fassade des alten Hauses aus der Danziger Brotbänkengasse. Von Schinkel stammt übrigens auch der Entwurf für den klassizistischen Neubau des berühmten traditionsreichen Städtischen Gymnasiums in Danzig.
Im März 1945 sank Danzigs Herrlichkeit in Trümmer. Man könnte meinen, es habe den Polen beim originalgetreuen Wiederaufbau des historischen Kerns der alten Hansestadt ein Satz aus den Jugenderinnerungen der Johanna Schopenhauer als Richtschnur gedient: «Das Gepräge ehemaligen Wohlstandes und der aus diesem entspringenden soliden Prachtliebe ist meiner Heimatstadt so tief aufgedrückt..., daß es unmöglich wäre, sie zu modernisieren, ohne sie ganz zu zerstören und ein neues Danzig auf der Stelle des alten zu bauen.»

KLEINE STADT – GROSSE SEEN

Von den rund 60 Städten Westpreußens hatte im Jahr 1910 nur knapp ein Viertel über 10000 Einwohner; von den dreien mit über 40000 Einwohnern ging Elbing auf die 60000 zu, die Provinzhauptstadt Danzig lag mit über 170000 ganz weit vorn. Es gab sogar zwei Städte mit weniger als 1000 Einwohnern, Garnsee und Landeck. Die gute Mitte hielt Riesenburg mit etwas über 5000 Einwohnern. Von diesem Städtchen soll stellvertretend für die Schicksale der übrigen westpreußischen Kleinstädte berichtet werden.
«Ein dauerndes Auf und Ab! Auf Blüte und Wohlstand folgt jäher Absturz und neues Streben vorwärts. Feuer, Krieg und Seuche, diese drei apokalyptischen Reiter, sind nur zu oft über die Dächer der Stadt gezogen und haben wie die Wohnstätten so die Menschen dahingerafft. Und doch haben die Überlebenden immer wieder mit zähem Fleiß und rastlosem Ringen das Zerstörte aufgebaut – ...» Diese zusammenfassende Aussage, die mehr oder weniger auf die meisten westpreußischen Städte zutrifft, steht am Ende der 1928 von dem Danziger Staatsarchivdirektor Professor Kaufmann veröffentlichten Geschichte der kleinen, am Ostrande der einstigen Provinz Westpreußen gelegenen, seit 1818 zum Kreis Rosenberg gehörenden Stadt Riesenburg.

Stadtsiegel von Riesenburg (1605)

Deren Wappen zeigt – noch heute – in Blau eine silberne Burg, in deren unverhältnismäßig hohem Tor ein nur mit einem grünen Laubschurz bekleideter Riese mit einer gewaltigen goldfarbenen Keule steht. Also ein sogenanntes redendes Wappen, scheinbar leicht zu deuten. Eine Burg hatte es dort schon vor Jahrhunderten gegeben, genauer: eine lange vor dem Auftauchen des vom Masowien-Herzog Konrad ins Land gerufenen Deutschen Ritterordens von den Einheimischen, den Pruzzen, errichtete Burgwallanlage. Sie war strategisch sehr geschickt im Norden der heutigen Stadt auf dem 114 m hohen Schanzenberg angelegt, auf der gut einen Kilometer breiten Landenge, die von zwei Seen gebildet wird, dem 2 km langen Schloßsee, an dessen Ostufer Riesenburg liegt, und dem fast 7 km langen Sorgensee. Beide verbindet das sie passierende Liebe-Flüßchen, das sich nach Austritt aus dem Schloßsee nach Westen wendet und in Richtung Marienwerder weiterfließt.
Zurück zu dem Riesen im Stadtwappen. Ihn und seinesglei-

chen hat es in der alten preußischen Landschaft Pomesanien genausowenig gegeben wie anderwärts. In seiner 1595 in Königsberg gedruckten «Erclerung der preussischen grössern Landtaffel» versucht Caspar Henneberger aber noch, Dichtung und Wahrheit zu vereinen, wenn er schreibt: «Das Landt umb Risenburg hat man Resin geheissen / und man helts darfür / das es von den Risen (so 5. Elen lang gewesen / und darinnen gewonet sollen haben) den namen bekommen habe.»
Christoph Hartknoch, Professor am Thorner Gymnasium, hält nichts mehr von dieser aus dem Reich der Sage herrührenden Annahme. In seinem 1684 erschienenen Werk «Alt- und Neues Preussen» bemerkt er im Hinblick auf Riesenburg: «Den Namen hat der Ort nicht von den Riesen / die daselbst sollen gewohnet haben / sondern von dem Alt-Preussischen Gebiete Resin / welches daselbst gewesen.» Es kommt bereits in einer Urkunde von 1236 vor, in der lateinischen Form Resia; andere Bezeichnungen: Ryszen, Reysen, Resyn, Resien oder Risin. Noch 1605 findet sich auf einem Riesenburger Stadtsiegel die Ortsbezeichnung Resenburg, der die Formen Risinburg und Resinburg vorausgingen.
Die alte Pruzzenburg, von der zuvor die Rede war, wurde 1236 im Verlauf eines von Markgraf Heinrich von Meißen gegen Pomesanien unternommenen Kreuzzuges erobert und zerstört. Von dem nun gegründeten Bistum Pomesanien wählte 1255 dessen erster Bischof als den ihm aus der Teilung mit dem Orden zustehenden Anteil das südliche Drittel, zu dem Marienwerder sowie die damals noch nicht mit Stadtrecht ausgestatteten Orte Riesenburg, Bischofswerder, Garnsee und Freystadt gehörten. Des Bischofs Nachfolger ließ 1276/77 am hohen Ufer des Riesenburger Schloßsees den Vorläuferbau eines 1330–1340 vergrößerten viertürmigen Schlosses aufführen, die Residenz der Bischöfe von Pomesanien, die nach diesem Wohnsitz auch oft als Bischöfe von Riesenburg tituliert wurden.

Was nun die Stadt selbst angeht, die erstmals 1323 als Risenburgk urkundlich erwähnt wird und 1330 eine erneuerte und erweiterte Handfeste erhielt, so dürfte ihre Entwicklung auf der Anhöhe zwischen Schloßsee und Mühlenteich im Zeitraum zwischen 1286 und 1321 ihren Anfang genommen haben. Ein typisches Ackerbürgerstädtchen begegnet uns, wobei jedoch «seit den frühesten Zeiten des städtischen Lebens eine Reihe von Gewerben und handwerklichen Betrieben, wie sie das Zusammenleben einer größeren Menge von Menschen durch die naturgemäße Arbeitsteilung von selbst mit sich bringt, auch in Riesenburg bestanden» (Kaufmann).
Ums Jahr 1400 war das Innungswesen vollständig ausgebildet, und die Stadt, die Ende August 1375 zur Hälfte abbrannte, von den Bürgern aber bald wieder aufgebaut worden war, zählte an die 1000 Einwohner, wozu noch 200 Personen des bischöflichen Hofes kamen; eine Zahl, die erst zu Beginn des 19. Jahrhunderts auf knapp das Doppelte gestiegen war, dann aber rasch zunahm. Im Jahr 1900 hatte die Stadt, die in jedem Jahrhundert zumindest einmal ganz oder doch zu großen Teilen durch Feuer zerstört wurde, 5032 Einwohner, 1939 waren es 8050. Zwölf Jahre nach dem Zweiten Weltkrieg aber lebten in Riesenburg, das heute Prabuty heißt, nur 5130 Menschen, also kaum mehr als zu Beginn des Jahrhunderts.
Rückgänge ihrer Einwohnerzahl hatte die Stadt in früheren Zeiten hauptsächlich durch Seuchen – mit der Pest an erster Stelle – erlitten, und zwar 1398, 1416/17 und besonders häufig im 16. Jahrhundert. Die Pest trat in Riesenburg zum letzten Mal 1710 auf und soll 933 Opfer gefordert haben, mehr als die Hälfte der damaligen Stadtbevölkerung. Und die Cholera-Epidemien von 1831 und 1866 rafften 2 v. H. beziehungsweise mehr als 4 v. H. der Einwohner dahin.
Wenden wir uns nun den Baulichkeiten der alten pomesanischen Bischofsresidenz zu. Von dem im Stil der Backsteingotik errichteten Schloß war schon kurz die Rede. Es muß ein

imponierender Baukomplex gewesen sein, wie eine Darstellung aus der ersten Hälfte des 17. Jahrhunderts erkennen läßt. Es war mit einem großen Remter, einer Kirche sowie einer kleineren Kapelle und sogar – wie das Domkapitelschloß in Marienwerder – mit einem sogenannten Danzker versehen, dieser für die Ordensburgen typischen, auf hohen Bogenwölbungen bis zu einem natürlichen oder künstlichen Wasserlauf geführten Abortanlage; diese war sowohl für die Besatzung der Burg als auch für die dort in Kriegszeiten Zuflucht suchende Stadt- und Landbevölkerung der näheren Umgebung eingerichtet. So war es auch der Fall beim Riesenburger Schloß, das schwer zerstört wurde, als 1422 die Stadt auf Befehl des mit einem starken Heer in Pomesanien eingefallenen Polenkönigs Wladislaw II. (Jagiello) in Flammen aufging. Jagiello, seit 1377 Großfürst von Litauen, war durch Heirat mit Jadwiga (Hedwig), der Erbin des polnischen Throns, als Wladislaw II. König von Polen geworden. Im Krieg mit dem Orden brachte er, unterstützt von russisch-tatarischen Hilfstruppen, am 15. Juli 1410 bei Tannenberg, im westlichen Masuren, dem Kreuzritterheer unter Hochmeister Ulrich von Jungingen die für den Ordensstaat folgenschwere totale Niederlage bei. – Im Dreizehnjährigen Krieg (1454–1466) wurde das Schloß erneut in Mitleidenschaft gezogen.

Der bedeutendste der im Riesenburger Schloß residierenden pomesanischen Bischöfe war wohl der aus der Gegend von Meißen stammende, der Bewegung des Humanismus gegenüber aufgeschlossene Hiob (Job) von Dobeneck (Regierungszeit: 1501–1521), der wegen seiner Vorliebe für den Harnisch wie auch wegen seines energisch-festen Charakters bereits von seinen Zeitgenossen der «eiserne Bischof» genannt wurde. Unter ihm erlebte Riesenburg eine Glanzperiode. Er sorgte für hervorragende Befestigung und Bewaffnung von Stadt und Schloß, aber auch für Fortschritt im kulturellen und sozialen Bereich. So gründete er eine neue Schule und stiftete ein Findelhaus. Von 1509 bis 1513 lebte der von ihm an seinen Hof gezogene junge, aber bereits berühmte humanistische Dichter Eobanus Hessus (1488–1540) im Schloß, als Mittelpunkt eines kleinen Kreises gebildeter Männer, die der Bischof zu einer Art gelehrter Gesellschaft vereint hatte, wohl der ersten im alten Preußen. Hiob von Dobeneck hatte entscheidenden Anteil an der 1511 erfolgten Wahl des jungen Markgrafen Albrecht von Brandenburg-Ansbach zum neuen Hochmeister des dem Orden im Zweiten Thorner Frieden (1466) verbliebenen Reststaates.

Dieser Sproß aus der fränkischen Linie der Hohenzollern, der im November 1512 auf der Reise in seine Residenz Königsberg auch Riesenburg berührte, wurde 1525 nach der Umwandlung des Ordensstaates in ein weltliches Herzogtum, das den Namen Preußen erhielt, dessen erster Lenker. Das Städtchen Riesenburg, nun Sitz eines Hauptamtes, lag in jenem Westzipfel des neuen Staatsgebildes, der im Zweiten Thorner Frieden nicht unter polnische Oberhoheit geraten, sondern dem Ordensstaat verblieben war und auf einer Breite

Siegel des ersten Bischofs von Pomesanien (1255)

von etwa 20 km bis zur Weichsel reichte. Im Riesenburger Schloß wohnte nun folgerichtig der Amtshauptmann, der militärische und verwaltungstechnische Aufgaben hatte. Hauptämter hießen seit 1525 in Preußen die meist aus den ehemaligen Ordenskomtureien gebildeten Verwaltungsbezirke.

Als die schlimmste Feuersbrunst, die Riesenburg je heimgesucht hat (Mai 1688), auch große Teile des Schlosses zerstörte, wurde von diesem nur so viel instandgesetzt, wie zu Wohnräumen für den Amtshauptmann, zur Unterbringung der Bediensteten sowie von Brau- und Malzhaus und von Stallungen nötig war. Die Brandkatastrophe vom Oktober 1787 aber legte das nur teilweise wiederhergerichtete Schloß so vollständig in Schutt und Asche, daß lediglich Reste der Kellerkreuzgewölbe und die starken Stützmauern des Parcham erhalten blieben, wie besonders bei den Ordensburgen der befestigte Raum zwischen innerer und äußerer Ringmauer hieß, der Zwinger.

Ähnliche Schicksale wie dem Schloß widerfuhren auch den anderen markanten Bauwerken der einstigen Bischofsresidenz. So wurde das 1330 auf dem Marktplatz in Kreuzform erbaute Rathaus ebenfalls ein Opfer des Feuers von 1688. Das wiedererrichtete Zentrum des Gemeinwesens war 1855 derart baufällig, daß die Stadtverordneten einen Neubau und zu dessen Finanzierung den Verkauf des Stadtwaldes beschlossen. Aber die Sache zog sich in die Länge, bis der Großbrand von 1868, der letzte dieser Art in Riesenburg, die Frage auf seine Weise löste und vom Rathaus nicht mehr als ein paar Mauerreste übrigließ, die später abgetragen wurden. Ein Neubau unterblieb.

Wappen des pomes. Bischofs Paul Speratus (1530–1551)

Auch die in der ersten Hälfte des 14. Jahrhunderts erbaute gotische Pfarrkirche (Backstein), von welcher der rechteckige, nach oben leicht verjüngte, seitlich gestellte Turm als einer der wertvollsten im Ordensland gilt, erlitt durch das Großfeuer von 1688 schwere Schäden, die jedoch schon 1692 im gröbsten behoben waren, allerdings nicht am Turm. 1945 aber überstand er die starken Zerstörungen in der Innenstadt, während vom Kirchenschiff nur die Außenmauern und der Westgiebel erhalten blieben. Der Wiederaufbau dürfte inzwischen abgeschlossen sein (siehe die Abbildung auf Seite 159).

Neben der seit der Reformation evangelischen Pfarrkirche gab und gibt es noch die Ende des 14. Jahrhunderts etwas außerhalb der Stadtmauern als Marienkapelle errichtete sogenannte Kleine oder Polnische Kirche, einen gotischen Ziegelbau mit schlankem achteckigem Türmchen vor der waagerecht abschließenden, kleine Zinnen tragenden Westfassade; die Ostwand ist mit einem von kreisförmigen Öffnungen durchbrochenen Staffelgiebel geziert. Diese einstmals zweite evangelische Kirche der Stadt wurde 1722 durch ein Großfeuer zerstört, aber bereits im Folgejahr mit Unterstützung König Friedrich Wilhelms I. wiederhergestellt. Die Bezeichnung «Polnische Kirche» dürfte darauf zurückzuführen sein, daß seit der Mitte des 16. Jahrhunderts hauptsächlich in die Vorstadt zuwandernde Polen den Gottesdienst in der Kleinen Kirche besuchten. Im Jahrhundert zuvor war ihnen und auch den Pruzzen, wie im gesamten Ordensland, die Aufnahme als Bürger verwehrt, was in Pommerellen entsprechend für die Kaschuben zutraf.

Mit dem Bau einer katholischen Kirche wurde in Riesenburg

erst 1876 begonnen; dort existierte eine katholische Kirchengemeinde erst seit 1863, eine Pfarrei seit 1870, zu der aus Gründen der «Rentabilität» etliche Dörfer der Umgebung sowie sieben Ortschaften des Kreises Marienwerder geschlagen wurden.

Von den Sakral- zurück zu den Profanbauten. Hier sei zumindest noch die mittelalterliche Stadtmauer mit ihren Türmen und Toren genannt; Bauwerke, bei denen infolge der zahllosen Kriegsereignisse vieles zerstört wurde, das erhalten Gebliebene aber durch Vernachlässigung verkam. Immerhin, die Stadtmauer war im Jahre 1800 noch weitgehend vorhanden, während es heute von ihr nur noch wenige Reste gibt. Und von den drei Toren steht nur noch das Hospitals- oder Marienwerderer Tor, das ursprünglich fünf Stockwerke hatte, im 18. Jahrhundert der Garnison als Montierungskammer, dann als Pulverturm diente und 1852 ausbrannte. Nach der Wiederherstellung (mit nur drei Stockwerken) war dieser alte Torturm 20 Jahre lang Gefängnis, bis er zu Beginn unseres Jahrhunderts zum Wasserturm umgebaut wurde, nach dem Zweiten Weltkrieg aber mit einem Walmdach wieder ein an das Original erinnerndes Aussehen erhielt.

Es fiel soeben das Stichwort «Garnison». Was Riesenburg von den meisten westpreußischen Kleinstädten unterschied: es war eine alte Garnisonstadt, die bereits in der bischöflichen Zeit wie auch namentlich in den zahlreichen kriegerischen Verwicklungen des 16. und 17. Jahrhunderts über von Fall zu Fall aufgestellte Besatzungen verfügte. Dauergarnison wurde das Städtchen 1721 zusammen mit Marienwerder, als Standquartier eines Kavallerieregiments, an dessen Stelle das 1743 aus einer Teilung hervorgegangene Dragonerregiment Nr. 9 trat, mit einem jungen Herzog von Holstein-Gottorp an der Spitze. Dessen Nachfolger war ab 1761 – bis zu seinem Tode 1785 – der aus altem westpreußisch-kaschubischen Rittergeschlecht stammende Oberst von Pomeiske, an den auf dem Riesenburger Friedhof ein prächtiges Grabmal erinnerte. Dieses Dragonerregiment erhielt am 15. Dezember 1745

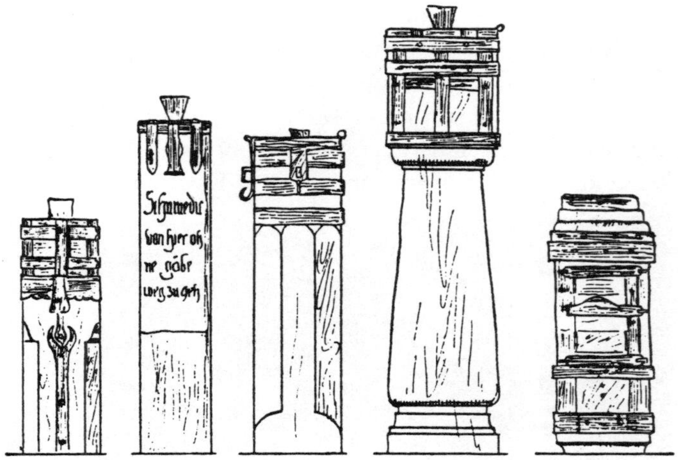

Opferstöcke im Kreis Rosenberg (Groß Albrechtsau, Groß Rohdau, Groß Plauth, Riesenburg, Riesenwalde)

seine Feuertaufe, im Zweiten Schlesischen Krieg, und nahm auch mit Auszeichnung an den Kampfhandlungen des Siebenjährigen Krieges teil. 1774 ersuchten die Marienwerderer um Verlegung der bei ihnen einquartierten Riesenburger Dragoner-Schwadron. Wie der König, Friedrich II., auf diese «Zumutung» reagierte, ist im Kapitel «Verwaltung im Wandel» nachzulesen.

Von 1780 bis 1786 waren die fünf Schwadronen des Regiments auf Riesenburg, Marienwerder, Freystadt, Deutsch Eylau und Liebemühl (Ostpreußen) verteilt; 1793 lagen statt in Marienwerder und Freystadt je eine Schwadron in Bischofswerder und Christburg. Sitz des Stabes war stets Riesenburg.

Bereits Ende 1808 erhielt ein seit 1719 in Insterburg (Ostpreußen) beheimatetes Dragonerregiment als neuen Standort Riesenburg angewiesen, hieß nun Dragonerregiment Nr. 4 (2. Westpreußisches) und wurde 1819 in ein Kürassierregiment umgewandelt. Zwei Schwadronen mußten an Napoleons Rußlandfeldzug 1812/13 teilnehmen; dann aber war das gesamte Regiment bei den Befreiungskriegen mit dabei. Nach der Rückkehr im Februar 1816 verblieb wie bisher eine Schwadron in der Riesenburger Garnison, während die übrigen nach Saalfeld, Osterode (zwei ostpreußischen Städten) und nach Deutsch Eylau ins Quartier zogen. Wobei zu bemerken ist, daß Kasernenbauten in Riesenburg erst von

Königin Luise von Preußen (1776–1810)

Mitte der 1880er Jahre an entstanden. Bis dahin waren die Soldaten privat untergebracht; die Verheirateten wohnten in den sogenannten Einquartierungskaten, kleinen Häusern, die ihnen die Bürger einräumen mußten. Die alten städtischen Kasernen waren durch das Großfeuer von 1787 zerstört worden.

Regimentschef war von 1814 bis 1821 Oberstleutnant von Wrangel, der spätere, wegen seines derben Berliner Witzes volkstümlich «Papa Wrangel» genannte Feldmarschall. Er, dessen Namen einmal ein Platz in Riesenburg tragen sollte, entstammte einem alten baltisch-schwedischen (ursprünglich westfälischen) Geschlecht, das bereits fast zweihundert Jahre zuvor in Riesenburg Geschichte gemacht hatte: König Gustaf Adolfs Feldmarschall, auch ein Wrangel, lag im Juni 1629, im letzten Jahr des Ersten Schwedisch-Polnischen Krieges, mit schwedischer Infanterie und Kavallerie in und um Riesenburg.

Seit der Mitte des 19. Jahrhunderts gab es für die Riesenburger Garnison ständig Veränderungen. An die Stelle der Kürassiere traten Leibhusaren, für diese kamen Ulanen, dann wiederum Dragoner, die 1890 nach Ostpreußen verlegt wurden. Darauf erhielt Riesenburg sein altes Kürassierregiment zurück, das unter dem Namen «Kürassierregiment Herzog Friedrich Eugen von Württemberg (Westpreußisches) Nr. 5» bis zum Ende des Ersten Weltkrieges bestand.

Abschließend noch ein Blick auf einige nicht alltägliche Ereignisse aus der Riesenburger Lokalchronik. So seien zumindest die Besuche dreier bedeutender Persönlichkeiten genannt: der Aufenthalt des brandenburgischen Kurfürsten Georg Wilhelm, Vater des Großen Kurfürsten, zu Anfang 1629 und im Sommer 1635, als er im Schwedisch-Polnischen Krieg vermittelte; die wiederholten zwanglosen Stippvisiten Napoleons, der 1807 während seines mehrwöchigen Aufenthalts auf dem nahen Schloß Finckenstein auf Inspektionsritten des öfteren durch Riesenburg kam und dort eine ihm aus einer Schankstube hinausgereichte kleine Erfrischung zu sich

Die Städte Westpreußens

Stadt	Stadtrecht/ Handfeste seit	Einwohner (in 1000) 1910	1939	1943	1960er Jahre	1980
Baldenburg	1382	2,4	2,3		1,4	
Berent	um 1350	6,5		8,4	12,2	18,6
Bischofswerder	1331	2,3	1,8	2,0		Dorf 1945
Briesen	13. Jh.	8,2		10,1	12,1	
Christburg	1290	3,0	3,6		3,5	
Czersk	Dorf (Kulmer R.) 1382	7,1	7,0 (1932)		7,5	
	Stadt 15. Jh.					
	später Dorf; Stadt 1926					
Danzig	um 1240	170,3	240			441,6
Deutsch Eylau	nach 1305	10,1	13,9	13,7	13,3	18,5 (1976)
Deutsch Krone	nach 1303	7,7	14,9		18	
Dirschau	1364	16,9	22,7 (1931)	25,9	37,3	50,0
Elbing	1246	58,6	85,9		41,4	103,6
Flatow	vor 1370	4,3	7,5		10,4	
Freystadt	1331	2,6	3,4	3,3		Dorf 1945
Garnsee	1334	0,98	1,0	2,2		ebenso
Gdingen	1926	0,9	120,0 (1931)		182,0	226,1
Gollub	1254	3,1			m. Dobrzyn	8,3
Gorzno	1385	1,6			1,5	
Graudenz	vor 1292	40,3	54,2 (1931)		75,5	88,0
Hammerstein	1395	3,0	4,4		3,5	
Hela	Alt Hela 1378					
	Neu Hela 1454	0,5		1,0		4,6
	Aufhebg. 1872					
	Stadt 1963					
Jastrow	1602	5,5	5,9		5,6	
Kamin	1359	1,6		1,6	1,6	
Karthaus	1923	3,7		6,2	8,5	12,0
Kauernik	angel. 1331	0,8		1,3		
Konitz	1310	12,0		18,9		29,3
Krojanke	gegr. 1420	3,4	3,2		3,2	
	Stadtr. ern. 1654					
Kulm	1233	11,7		13,1		19,7
Kulmsee	vor 1251	10,6		12,3		15,1
Landeck	Markt 1789					
	städt. 1775	0,7	1,0		0,5	
Lautenburg	Anf. 14. Jh.	4,0		4,3	4,3	
Lessen	1306					
	Verzicht 1833; neu 1860	2,7		2,8	3,0	

Stadt	Stadtrecht/ Handfeste seit	Einwohner (in 1000) 1910	1939	1943	1960er Jahre	1980
Löbau	Hf. 1301					
	Stadt 13. Jh.	5,4		5,7	5,4	
Marienburg	Erneuerung 1276	14,0	27,2			33,5
Marienwerder	angel. 1235	13,0	20,6		21,7	30,0
	Best. Hf. 1336					
Märkisch Friedland	1314	1,9	2,7	2,7		
Mewe	1297	3,8		3,6	4,4	6,2
Neuenburg	1350	5,2		5,2	5,1	
Neumark	1325	4,1		4,9	6,3	8,0
Neustadt						
	grundh. Bewidmung 1655	9,8		16,5	30,6	42,0
Neuteich	1316	2,6	3,8 (1931)	4,1		5,0
Pelplin	1931	4,0		5,3		7,6
Podgorz	gegr. 16. Jh.	3,6			heute zu Thorn	
Praust	als Gut 1367	2,8			9,5	17,5
	nach 1945					
Preußisch Friedland	1354	3,9	3,8		3,5	
Preußisch Stargard	1348	10,5		17,9	29,6	4,2
Putzig	1348	2,5		4,7		11,0
Rehden	1234/38	2,0		2,0		1,4
Riesenburg	1330	5,0	8,1		5,8	
Rosenberg	gegr. um 1305	3,2	4,5		4,5	
	Handf. ern. 1315					
Schlochau	1348	3,6	6,0			9,8
Schloppe	«oppidum» 1245	2,0	3,0		1,9	
Schöneck	1341	3,4		3,5		4,5
Schönsee	1298	3,4		3,7	3,9	
Schwetz	1338	8,0		11,7		22,1
Strasburg	13. Jh.	8,0	8,5			20,4
Stuhm	1416	3,1	7,4		6,6	
Thorn	Altstadt 1233	46,2	54,3	78,2		164,0
	Neustadt 1264					
Tiegenhof	1880	2,9	3,6 (1931)	4,3		8,0
Tolkemit	1296/1300	3,3	3,9	3,9		2,5
Tuchel	1346	4,2		7,1		10,3
Tütz	1333	2,1	2,7		1,9	
Vandsburg	vor 1384	3,2		4,1	4,9	
Zempelburg	vor 1360	3,8			4,9	
Zoppot	1901	15,0	31,0			51,5

zu nehmen pflegte; schließlich der mit großem Jubel aufgenommene Durchreisebesuch des preußischen Königspaares (Friedrich Wilhelm III. und seine Gattin Luise), das im Dezember 1809 aus seinem fernen ostpreußischen Zufluchtsort Memel über Riesenburg nach Berlin zurückkehrte. Infolge Pferdewechsels ergab sich ein etwas längerer Aufenthalt, den der König zu einer kurzen Besichtigung des ein Jahr zuvor nach Riesenburg gelegten Dragonerregiments nutzte.
Der 1. August 1877 bescherte den Riesenburgern eine Freifahrt mit dem ersten Zug, der die Stadt passierte, die durch den Bau der neuen Bahnlinie Marienburg–Mlawa Eisenbahnstation geworden war. Die Grundlagen des Wirtschaftslebens der Stadt bildeten eine Zuckerfabrik (1883 erbaut) sowie Mühlen und Sägewerke, kleine Fabriken für landwirtschaftliche Maschinen und eine Sandsteinfabrik; aus dem kulturellen Bereich verdient die Einrichtung einer Realschule (1866) Erwähnung, die 1911 in ein Realprogymnasium und 1922 in ein Realgymnasium (Vollanstalt) umgewandelt wurde.
Die von der Provinzialverwaltung Ostpreußen 1928 erbaute Heil- und Pflegeanstalt war die modernste Deutschlands. Bei ihrem Bau wurde eine alte hölzerne Wasserleitung entdeckt, die zur bischöflichen Zeit die Stadt mit Wasser versorgt hatte.
Die Volksabstimmung im Jahre 1920 brachte in dem einst schmuck mit Grünanlagen ausgestatteten Provinzstädtchen für Deutschland 3321, für Polen nur 50 Stimmen.

Abraham Boot, Ansicht von Stuhm (1628)

EIN KAISER KAUFT CADINEN

«Landschaftlich war Cadinen ein kleines Paradies. Wälder, Hügel, Felder, das Frische Haff und die Ostsee bildeten eine so reizvolle Umgebung, wie sie kaum anderswo in Deutschland zu finden ist» (Prinz Louis Ferdinand von Hohenzollern). Cadinen, auch mit «K» geschrieben, früher – und heute wieder – Kadyny, ist ein Dorf nahe am Frischen Haff, etwa dem Badeort Kahlberg auf der Frischen Nehrung gegenüber, nicht weit von dem alten Fischer- und Töpfer-Haffstädtchen Tolkemit entfernt, den von malerischen Schluchten durchzogenen Nordhang der Elbinger Höhe im Rücken.
Urkundlich ist der Ort bereits seit Mitte des 13. Jahrhunderts bekannt. Der Deutsche Ritterorden war dort begütert, schenkte 1255 dem Heilig-Geist-Hospital zu Elbing 40 Hufen Land. 1431 verpfändete er seinen Cadiner Besitz jener Familie Baysen, von der sich keine 20 Jahre später drei Angehörige als unerbittliche Widersacher des Ordens auf der Seite des sogenannten Preußischen Bundes erweisen sollten; vor allem in der Gestalt des Hans von Baysen, der, Führer des Landadels, sich vom gemäßigten Mittler zwischen Bund und Orden zu des letzteren Todfeind wandelte. Er war der entscheidende Wortführer jener Gesandtschaft, die sich 1454 nach Krakau aufmachte und den König von Polen die Schutzherrschaft über das Preußenland zu übernehmen einlud (bei der allein es dann aber nicht bleiben sollte).
Das Gut Cadinen hat in der Folgezeit öfter den Besitzer gewechselt, bis es 1624 durch Kauf an die gräfliche Familie von Schlieben kam, die das von späteren Eigentümern umgebaute, noch heute bestehende (übertriebenerweise stets Schloß genannte) Gutshaus errichten ließ. Ein katholisch gewordenes Mitglied aus dem Hause derer von Schlieben gründete in Cadinen ein Franziskanerkloster, 1745–1749 im Süden des Dorfes an erhöhter Stelle erbaut, am einstigen Platz einer pruzzischen Wallburg. Wiederholte Abbrucharbeiten in der zweiten Hälfte des 19. Jahrhunderts ließen von dem

1826 aufgehobenen Kloster nur noch eine pittoreske Ruine übrig.
Nachdem ein Graf von Schwerin als Besitzer des Rittergutes Cadinen in Konkurs geraten war, lösten sich dessen Eigentümer seit 1799 in schneller Folge ab: ein Frauenburger Domherr, dessen Bankier-Cousin aus Danzig, ein Elbinger Bankdirektor (Bruder des 1772 in Kopenhagen öffentlich als «Majestätsverbrecher» hingerichteten leitenden Kabinettsministers Struensee), dessen Schwiegersohn und schließlich ein Elbinger Kaufmann. Der erwarb 1814 das Gut, das von da an bis Ende des Jahrhunderts durchgehend im Besitz *einer* Familie blieb. Im Dezember 1898 kaufte Kaiser Wilhelm II. das inzwischen arg verschuldete Gut, das nun, zusammen mit dem Dorf, einen schnellen Aufschwung erlebte. Die 7300 Morgen große Herrschaft Cadinen wurde in einen landwirtschaftlichen Musterbetrieb umgewandelt, dessen soziale Einrichtungen vorbildlich waren.
Zudem ließ der gekrönte Besitzer einen alten Industriezweig der Gegend beleben, die Töpferei. So entstand 1904 die bekannte Majolika-Fabrik. Deren Erzeugnisse, aus dem in den Lehmgruben des Höhenzuges gewonnenen Ton nach altgriechischen und altitalienischen Vorbildern hergestellte Feinkeramiken, erreichten einen hohen künstlerischen Stand. Als weiterer Produktionszweig der Cadiner Werke kam die Herstellung von Baukeramiken hinzu, die u. a. bei der Ausstattung etlicher Berliner U-Bahnhöfe Verwendung fanden, aber auch bei der Ausgestaltung eines Saals im Berliner Weinhaus Kempinski. Cadiner Majolika war einmal ein Begriff, genauso wie am Dorfeingang die tausendjährige Eiche mit über 12 m Umfang am Boden und noch 8,75 m in 1 m Höhe.
«Das sogenannte Schloß von Cadinen war seit dem Ersten Weltkriege nicht mehr bewohnt und mit seiner altmodischen Einrichtung als eine Art Museum dem Publikum zugänglich. Wir bezogen vorerst das Obergeschoß, während unten noch weiterhin Besucher durch die Räume geführt wurden. Nach

Wetterfahne vom Kirchturm in Posilge, Kr. Stuhm

einiger Zeit konnten wir dann vom ganzen Hause Besitz nehmen.» So schreibt in seinen Lebenserinnerungen, im Rückblick auf das Jahr 1940, der letzte Bewirtschafter von Gut Cadinen, der Kaiserenkel Prinz Louis Ferdinand, derzeitiger Chef des Hauses Hohenzollern.
Dem Umzug nach Cadinen war ein dreimonatiges «Familienidyll in Zoppot» vorausgegangen, im Kasino-Hotel. Dort hatten Frau und Kinder des Prinzen Unterkunft genommen, weil dieser vom Dorfe Rahmel (zwischen Neustadt und Gdingen), wo er als Wehrmachts-Blindfluglehrer stationiert war, fast allabendlich zur Familie stoßen konnte. Nach beantragter und Ende 1941 gewährter Freistellung vom Wehrdienst ging auch er nach Cadinen, von seinem Vater, dem ehemaligen Kronprinzen und letzten Besitzer von Cadinen, mit der Verwaltung des Familienbesitzes am Frischen Haff betraut.
Dort hatte er, «zwar ständig von unseren eigenen Angestellten bespitzelt», von denen «aber niemand argwöhnte, daß Gutsherr und Gutsherrin von Cadinen in die Verschwörung des 20. Juli gegen Hitler und sein System verstrickt waren», im Juli 1942 eine bedeutsame Zusammenkunft mit Carl Friedrich Goerdeler, dem Kopf der nichtkommunistischen

Elbing, Brücktor und Giebelhäuser am Elbing-Fluß

Widerstandsbewegung. Bereits damals wurde unter dem Gesichtspunkt der Beendigung des Krieges die Notwendigkeit erörtert, Hitler zu stürzen. Warum es nicht dazu kam, ist bekannt; wohl weniger bekannt dürfte sein, daß nach dem Attentat vom 20. Juli 1944 Prinz Louis Ferdinand im Schloß Cadinen vom Elbinger Gestapochef verhört wurde. Daß seine Verbindung zum Kreis der schnell enttarnten und später hingerichteten Verschwörer nicht entdeckt wurde, führt er darauf zurück, «daß meine Freunde vom 20. Juli trotz aller Folterung meinen Namen nicht preisgegeben haben», und ist sich bewußt, «daß ich meine Rettung dieser Freundestreue ... verdanke.»

Prinz Louis Ferdinand, der im August 1944 seine Familie auf einem Hohenzollerngut in der Mark Brandenburg unterbrachte, harrte in Cadinen aus, das er Ende Januar 1945 mit dem letzten Flüchtlingstreck verließ, eine halbe Stunde vor Ankunft sowjetischer Truppen am glücklicherweise zugefrorenen Frischen Haff. «Als wir am 25. Januar mit unseren Pferdeschlitten über das Haff fuhren – es war bitter kalt, jedoch strahlender Sonnenschein –, mußte ich bei mir einen trüben Vergleich mit meinem Vorfahren, dem Großen Kurfürsten, ziehen, der vor ein paar Jahrhunderten, ebenfalls im tiefen Winter, über das Kurische Haff gegangen war, jedoch als Sieger, nicht als Flüchtling.»

LAPSE UND LORBASSE

Wie es nicht «den» Westpreußen als stammesmäßig eindeutigen Typus gibt, so noch viel weniger «das» Westpreußische als einheitliche Mundart. Dem Ohr sich weniger stark einprägend als das breitere Ostpreußische, ist es nie wie dieses, nie wie etwa das Sächsische, Schlesische, Schwäbische oder Bayerische gesamtdeutsch beliebtes Imitationsobjekt gewesen.

Der Ostpreuße ist sofort an seiner Mundart herauszuhören, weil sie, unabhängig von der gesellschaftlichen Stellung, von allen Bewohnern der einst östlichsten Reichsprovinz gesprochen wurde, natürlich mit lokalen Unterschieden, wie überall. Der ehemalige Arbeits- und Sozialminister Herbert Ehrenberg, aus Kollnischken bei Goldap, brauchte nur den Mund aufzumachen, und jedermann erkannte sofort den Ostpreußen.

Bei den Westpreußen ist das anders. Da sprachen die Stadtbewohner, zumindest vom Mittelstand aufwärts, ein ziemlich reines Hochdeutsch, dessen «ein wenig singende Sprachfärbung» den vielgereisten rheinischen Schriftsteller Josef Ponten (1883–1940) so sympathisch berührte; ein Hochdeutsch, das aber keineswegs auf gewisse regionaltypische Ausdrücke und Wendungen verzichtete.

So sagte man *nuscht* für nichts, *iwo* – mit Starkton auf der zweiten Silbe für aber nein und hatte sogar noch die Steigerung *iwo nein doch* bereit. Man ließ sich nicht gerne *bejaucheln* (betrügen). Eltern bemängelten es oft, wenn ihre Kinder zuviel *jacherten* (herumalberten) oder an für sie nicht bestimmten Dingen *herumkieterten* (hantierten). Ebensowenig gefiel es ihnen, wenn die Kinder *dreibastig* (dummfrech), *gnatzig* (unwirsch), *kiewig* (frech) oder gar *rachulrig* (gierig) waren. Für Jungen wie auch für erwachsene Vertreter des männlichen Geschlechts stand eine breite Skala von «Kosenamen» zur Verfügung, von denen erstaunlich viele mit «L» anlauten, wie *Labommel* (Faulenzer), *Leidak* (Strolch; poln.

łajdak), *Laps* (Bengel), *Lorbaß* (Lümmel), *Losleder* (Tunichtgut) oder *Luntruß* (gerissener Bursche). Der Nichtsnutz mußte sich den noch verhältnismäßig harmlosen Titel *Unosel* gefallen lassen.

Nicht wenige Ausdrücke hat das Westpreußische mit dem Ostpreußischen gemein, denn beide sind, bedingt durch die Herkunft der einstigen Osteinwanderer, in erster Linie aus nieder- und ostmitteldeutschen Mundarten erwachsen; wobei festzuhalten ist, daß auf letzteren das Hochdeutsche beruht. Zum Niederdeutschen gehören auch das aus dem Niederfränkischen entstandene Niederländische (Holländisch) und das südliche Ostpommerische; Mundarten, die durch Kolonisten in die Niederungsgebiete der Weichsel bzw. in die Koschneiderei (einige Dörfer im südöstlichen Teil des Kreises Konitz) gelangt waren.

In die Kreise Kulm und Thorn gelangte sehr spät, erst in der zweiten Hälfte des 18. Jahrhunderts, ein letzter Sprachgut-«Import»: durch württembergische Ansiedler, die ihr Schwäbisch mitbrachten, das sich in den sogenannten Schwabendörfern sehr lange gehalten hat, noch bis ins 20. Jahrhundert hinein. Die seit der Ordenszeit durch deutsche Mundarten überlagerte alte Sprache des Preußenlandes, das im 18. Jahrhundert als gesprochene Sprache ausgestorbene Altpreußische (Pruzzisch) der einheimischen Bevölkerung, der baltischen Pruzzen, lugt nur noch hier und da in einigen Wörtern hervor, zum Beispiel in dem Wort *Kujjel* für Eber.

Nicht übersehen werden sollen gewisse Entlehnungen des Westpreußischen aus den slawischen Nachbarsprachen, wie aus dem Kaschubischen und dem Polnischen. Hier ein paar Beispiele für «Einverleibungen» aus dem Polnischen. So wurde plumpvertrauliches Benehmen als *panibratsch* bezeichnet. In dieser Wortkombination stecken polnisch *pan* (Herr) und *brat* (Bruder), gekoppelt durch die Konjunktion *i* (und). Wer sich *panibratsch* benimmt, sich seinem Herrn wie einem Bruder nähert, läßt es an dem gehörigen Abstand fehlen, rückt seinem lieben Nächsten «zu nah' auf die Pelle». Wer sich dagegen verwahrte, jemandes *Paslack* zu sein, wies ihm seiner Meinung nach zu Unrecht zugemutete (niedere) Arbeit von sich; das Wort dürfte auf polnisch *posłać* bzw. *posyłać* (hinschicken) und auf *posłaniec* (Bote, aber auch Dienstmann!) zurückzuführen sein. Wem etwas *schißkojedno,* d. h. ganz egal war, der benutzte, meist unwissentlich und in nicht ganz korrekter Aussprache, das polnische *wszystko jedno* (alles eins). Übrigens: Auch das durch eine Fernseh-Unterhaltungssendung nicht nur bundesbildschirmweit verbreitete «Dalli, dalli» kommt aus dem Polnischen. Dort gibt es die Interjektion *dalej,* und die bedeutet los, weiter, mach' schon!

Neben dem in den westpreußischen Städten vorherrschenden Hochdeutsch wurde, so auf dem Lande, Platt gesprochen, wobei es, da sich Grenzen von Mundartgebieten nicht wie die von Verwaltungsbezirken festlegen lassen, von Gebiet zu Gebiet, von Stadt zu Land, selbst von Dorf zu Dorf Unterschiede gab, wie wohl überall. Die Danziger Marktweiber schimpften anders als ihre Kolleginnen in Elbing, und in dem

Ritterbruder vom Deutschen Orden

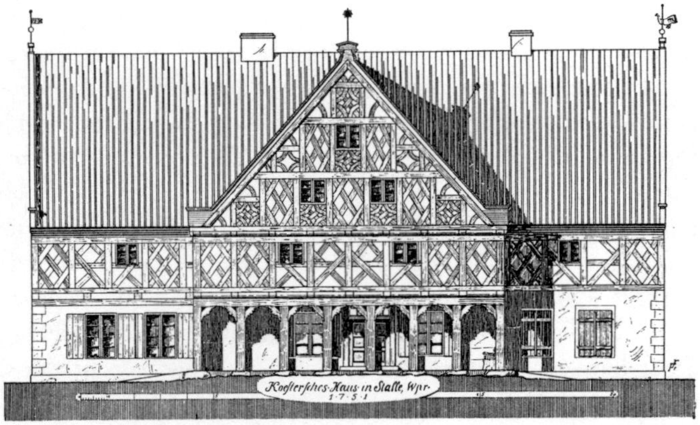

Vorlaubenhaus von 1751 in Stalle, Kr. Marienburg

schmalen Landstrich zwischen Ostsee sowie Danziger und Elbinger Weichsel, auf der auch Seewerder genannten Danziger Nehrung, sprachen die Bauern ein Platt, das erheblich anders klang als die wiederum von einander abweichenden Idiome der drei Werder. Das Große Marienburger Werder konnte sogar mit zwei Sonderformen aufwarten: mit dem Werderischen und dem Niederungschen. Auf der Halbinsel Hela hatte sich bei den dort lebenden Fischern, bedingt durch ihre Abgeschiedenheit, eine Sondermundart herausgebildet: das Helsch.

Geben wir uns keinen Täuschungen hin: Es ist abzusehen, wann es mit dem Westpreußischen als gesprochener Sprache vorbei ist. Seine museale Konservierung, zusammen mit dem Ostpreußischen, ist gesichert: im «Preußischen Wörterbuch», einem 1911 begonnenen, 1951 wieder aufgenommenen, aber noch nicht abgeschlossenen wissenschaftlichen Großunternehmen, sowie auf von Beherrschern der Mundart besprochenen Tonträgern.

Eine letzte Möglichkeit, das Westpreußische plastisch zu erleben, bieten einige Werke der neueren deutschen Literatur; ganz hautnah jene Erzählwerke von Günter Grass, die in seiner Heimatstadt Danzig spielen. In einer Passage seines Romans «Örtlich betäubt» ist glänzend «die kaschubische Sprechweise des westpreußischen Dialektes» wiedergegeben. Auch in dem im Kulmerland angesiedelten Roman «Levins Mühle» des Tilsiters Johannes Bobrowski (1917–1965) kommt man im Hinblick auf westpreußische Mundart auf seine Kosten. Ihr und westpreußischem Wesen hat bereits am Anfang unseres Jahrhunderts Thomas Mann ein schönes Denkmal gesetzt: mit einer prägnanten Nebenfigur seines Erstlingsromans «Buddenbrooks», mit der treuherzig-gutmütigen, 40 Jahre der Konsul- und Senatoren-Familie dienenden Ida Jungmann aus Marienwerder. «...wenn du nicht wirst wollen, ja, da hätt'st ihn müssen früher wegschikken...», sagt sie einmal zu Tony Buddenbrook. Klassisches Beispiel für die Wortstellung der westpreußischen Umgangssprache.

AUS MÄRCHEN UND SAGE

Bei östlichen Völkern werden von jeher Erzählen und Zuhören in höherem Maße gepflegt und geschätzt als das Lesen. Das trifft, zumal für frühere Zeitläufte, auch auf die Bewohner der einstigen deutschen Ostprovinzen zu. Die dort entstandenen Sagen, Märchen und Legenden sind ein reizvoller Tupfer auf der farbenfrohen Palette der deutschen Kultur- und Geistesgeschichte.

In Westpreußen hatte in den am Nordwestrand des Rehhöfer Forsts in Nogat-Nähe gelegenen Dörfern Usnitz und Parpahren, Kreis Stuhm, das abendliche Märchenerzählen eine richtiggehende Tradition, erlebte vor Ausbruch des Ersten Weltkrieges eine Hochblüte. Von dorther stammte Karl Restin (1864–1943), «einer der großen Erzähler, die ihre Geschichten in echter epischer Überlieferung in aller Breite ausspinnen, ohne daß sie an Spannung einbüßen.» Restin, der den größten Teil seines Lebens in Parpahren verbrachte, hatte «seine schönsten Geschichten als Buhnenarbeiter in einem Schlafprahm auf Weichsel und Nogat gehört...» So der Märchenforscher Alfred Cammann, dem die Aufzeichnung und damit die Bewahrung des in Parpahren lebendigen Erzählgutes zu danken ist, das nicht nur auf diesen Ort beschränkt war, denn: «In einem Märchendorf wie Parpahren laufen die Geschichten einer ganzen Landschaft zusammen, wie die Männer als Träger der Erzählung, Land- und Wasserbauarbeiter, Soldaten, Händler und Handwerker, Waldarbeiter und Instleute, weit ins Land hinaus abwanderten und voller Geschichten wieder heimkehrten...»

Was nun die Sagen angeht, so fällt für Westpreußen die erstaunliche Häufigkeit der Steinsagen auf. Sie ranken sich um die im Land an der Unterweichsel in dessen Grund- und Endmoränengebiet recht zahlreich abgelagerten großen erratischen Blöcke, die sogenannten Findlinge. Teufelssteine hießen im Volksmund viele dieser imposanten Überbleibsel aus der Eiszeit.

Einer ihrer größten liegt in der Tucheler Heide, im Forst Osche, knapp 4 km südöstlich von Groddeck im Kreis Schwetz; ein Granitblock, der gut 25 m Umfang hat und 2 ½ m hoch aus der Erde aufragt. Bald erhielt die zu Beginn des Jahrhunderts wegen der zahlreichen Besucher dieses Teufelssteines eingerichtete Haltestelle Osche der nahe vorüberführenden Eisenbahnlinie Graudenz–Konitz seinen Namen.

In grauer Vorzeit soll dieser Felsblock als Opferstein gedient haben. In späteren christlichen Jahrhunderten nannte ihn die polnischsprachige Bevölkerung «Bischofstein», weil der Heilige Adalbert von Prag auf seiner Missionsfahrt zu den Pruzzen auch jenen Flecken aufgesucht und dort eine überaus erfolgreiche Predigt gehalten haben soll, nach der sich an die 7000 «Heiden» taufen ließen.

Mit dem Teufel schließlich hat die an diesen Stein geknüpfte deutsche Sage zu tun, von der er seinen noch heute gültigen Namen hat. Ihr zufolge wollte der Herr der Hölle die am Schwarzwasser-Fluß lebenden Menschenkinder schikanieren, indem er den Flußlauf mit Hilfe eines riesigen Steines zu blockieren und dadurch eine Überschwemmung herbeizuführen gedachte. Durch den dritten Schrei eines in aller Frühe krähenden Hahns wurde der Teufel jedoch an der Ausführung seines Vorhabens gehindert, da seine Aktivitäten jeweils nur bis zum dritten Kikiriki dauern dürfen. So mußte er den herbeigeschafften Stein vor Erreichen des Ziels fallen lassen, dorthin, wo er noch immer liegt. Auf heutigen polnischen Ansichtskarten von der Tucheler Heide ist auch der Teufelsstein bei Groddeck als Motiv vertreten.

Ebenfalls ein dritter Hahnenschrei war es, der den Teufel eine Wette verlieren ließ und damit die Klosterkirche von Zarnowitz, im äußersten Nordwestwinkel von Westpreußen, vor der Zerstörung bewahrte. Herr Urian mußte den großen Stein, den er nur mit einem kleinen Finger auf das Kirchendach bugsieren sollte, wieder dorthin zurückbringen, wo er ihn hergeholt hatte. Standort dieses Steins: etwa 4 km östlich von Zarnowitz zwischen den Dörfern Odargau und Lankewitz. Seine früheste Erwähnung findet sich in einer im Jahre 1277 vom pommerellischen Herzog Mestwin II. ausgestellten Urkunde, bei Beschreibung der Grenzen des dem Zisterzienserinnenkloster Zarnowitz verliehenen Dorfes Odargau mit seinem Umland.

Fischerhaus in Hela

Wie sich Orts-, aber auch Flur- und Gewässernamen aus im Reich der Sage liegenden Ereignissen herleiten lassen, ein etymologisch nicht immer zuverlässiges Verfahren, dafür mag zunächst das Städtchen Berent, im Süden der Kaschubei, als Beispiel dienen. Dort hauste einst in urzeitlich-undurchdringlicher Wildnis ein ungeheuer großer und starker Bär, der in seiner Umgebung viel Furcht und Schrecken verbreitete, weil er Menschen und Vieh zur Strecke brachte. Als sich schließlich zwei mutige Männer, Vater und Sohn, zum Kampf gegen den Bären aufmachten und ihn in seiner Höhle töteten, entstand am «Tatort» eine Stadt, die zur Erinnerung an des Bären Ende den Namen «Bär-End» erhielt, woraus dann später «Berent» wurde.
Auch um den Untergang von Städten und Dörfern, Schlössern und Kirchen haben sich Sagen gewoben. Es ist zwar eindeutig erwiesen, daß die wohl schon im 13. Jahrhundert als Kaufmannssiedlung entstandene Stadt Alt Hela anno 1572 in Flammen aufging; doch weiß die Sage zu berichten, daß die reiche, prächtige Stadt zur Strafe für den lockeren Lebenswandel ihrer Bürger an einem Pfingstsonntag von einer Sturmflut verschlungen wurde, aber unversehrt auf dem Meeresgrunde weiterbestand. An jedem Pfingstsonntag soll

Der Schimmelreiter von Güttland

sie dort in der Tiefe in all ihrer Herrlichkeit klar zu erkennen sein, jedoch durch ihren Anblick den Betrachter derart verzaubern, daß es ihn unwiderstehlich hinabzieht.
Auf die Burg auf dem Schloßberg bei Karthaus hatten der Sage nach Ritter die Tochter des Herzogs Swantopolk entführt, der die Burg vergeblich belagerte und schließlich die frommen Mönche des Klosters Karthaus bat, für die Befreiung seiner Tochter zu beten. So geschah es drei Tage und drei Nächte. In der dritten Nacht, in der ein schweres Unwetter aufzog, kamen zwei Schwäne geflogen, welche die Geraubte von den Zinnen der Burg holten und sie sicher zurück zu ihrem Vater brachten. Die Burg aber wurde von einem gewaltigen Sturm erfaßt und bis auf die Grundmauern davongetragen.
Eine andere Entführungsgeschichte soll sich im Weichsel-Nogat-Delta zugetragen haben. Dort lebte ein Heidenfürst mit seiner tugendhaften Tochter Tiega, auch Swenta genannt. Die wollte der Nachbarfürst, ein böser Riese namens Haffo, entführen und zu seiner Frau machen. Als Tiega sich eines Tages mit einem hohen Tonkrug zu einem See aufgemacht hatte, um Wasser zu schöpfen, verlegte ihr bei der Rückkehr Haffo den Weg. Tiega bemerkte es von ferne und versuchte in gewundenem Schlangenlauf zu entkommen, wobei das aus dem Krug verschüttete Wasser die Spur ihrer Flucht hinterließ. Bevor der Riese die Flüchtende einholen konnte, erreichte sie ein großes Gewässer, in das sie sich aus Verzweiflung stürzte. Der ihr nachspringende Haffo ertrank darin, Tiega aber wurde von einem Fischer gerettet. Aus dem von ihr vergossenen Krugwasser entstand ein an Windungen reiches Flüßchen, das zur Erinnerung an jene Fürstentochter im Oberlauf Schwente, im Unterlauf Tiege heißt und bei Stobbendorf ins Frische Haff mündet. Dieses verdankt seinen Namen dem ertrunkenen Riesen.
Von zwei Riesenbrüdern, die einst am Frischen Haff hausten, kündet eine andere Sage. Der eine lebte auf dem Festland, in dem «Wiek» genannten Wald bei Tolkemit, der andere

gegenüber auf der Frischen Nehrung. Sie besaßen gemeinsam eine Axt, die sie bei Bedarf durch Zuruf von einander anforderten und sich übers Haff zuwarfen. Eines Tages kam es wegen dieser Axt zum Streit zwischen den ansonsten verträglichen Brüdern. Der Festlandsriese brauchte dringend das bewußte Werkzeug, der Nehrungsriese aber, angelegentlich mit der Zerteilung eines erlegten Wilds beschäftigt, hörte nicht den Ruf des Bruders.
Der geriet sogleich in Zorn, ergriff den gewaltigen Verschlußstein seiner Höhle und schleuderte ihn gegen seinen Bruder zur Nehrung hinüber. Der mächtige Felsbrocken entglitt jedoch seiner Hand und fiel ins Haff, nicht weit von der Festlandküste. Er ist einer jener zahlreichen erratischen Blöcke, von denen schon die Rede war, und ragt noch heute aus dem Wasser des Frischen Haffs empor. Auf Landkarten ist er als «Heiliger Stein» verzeichnet, so genannt von den Schiffern, die sich bekreuzigten, wenn sie ihn passierten.
Auf ganz andere Art erscheint das feste anorganische Naturprodukt, das wir Stein nennen, in einer Danziger Sage, die von den Folgen eines Brotfrevels erzählt. Als während einer Hungersnot in der alten Hansestadt eine reiche, aber hartherzige, allen Bitten ihrer leidenden Mitmenschen unzugängliche Frau die Krume der Gottesgabe zur Säuberung der zarten Haut ihres einzigen Kindes mißbrauchte, verwandelte sich eines Tages das Brot unter den Händen der Frau zu Stein, ohne daß sie es bemerkte. Das Kind, dem sie mit dem versteinerten Brot Haut und Fleisch weggerieben hatte, starb an den schweren Verletzungen, die Mutter aus Verzweiflung. Das Steinbrot (oder: der Brotstein) aber hing fortan in der Marienkirche an einer Kette, als ein Zeichen der Warnung.
Nicht ein Frevel, allenfalls eine entschuldbare Unterlassungssünde ist Dreh- und Angelpunkt einer bei Güttland im Danziger Werder spielenden Sage. Ihr zentrales Motiv lernte 1838 Theodor Storm kennen, aus einer in einem Hamburger Zeitschriftenheft nachgedruckten Erzählung. Diese Anregung hat den großen Sohn Husums 50 Jahre später sein letztes und bedeutendstes Werk vollenden lassen, die Novelle «Der Schimmelreiter». Der Charakter ihres Schauplatzes, der Marschlandschaft im nordwestlichen Küstengebiet Schleswig Holsteins, hat mit dem des Danziger Werders vieles gemeinsam.
Held der Werdersage, gewissermaßen die Urgestalt des Hauke Haien in Storms «Schimmelreiter», ist der Deichgeschworene von Güttland, der vor Ausbruch einer vom Frühjahrshochwasser drohenden Deichbruchkatastrophe auf seinem Schimmel Tag und Nacht rastlos unterwegs ist, um in dem seiner Obhut unterstehenden Deichrevier das Gebotene zu veranlassen. Als der Deich unvermutet an einer Stelle bricht, kommt es zu einer verheerenden Überschwemmung der Niederung. Die Schuld daran meint der von hohem Verantwortungsbewußtsein bestimmte Deichgeschworene bei sich selbst suchen zu müssen, weil er die kleine Eingangsöffnung zu einem Otternbau übersehen hatte, durch die das Wasser eingedrungen war und den Deich unterspült hatte. Der Deichgeschworene sühnt seine vermeintliche «Schuld», indem er sich mit seinem Schimmel in die Fluten stürzt und den Tod findet. In jedem Frühjahr jedoch, beim Einsetzen von Hochwasser und Eistreiben, reitet er nachts auf seinem Schimmel die Deiche entlang und macht auf die kritischen Punkte aufmerksam – ein Spuk, der nicht schrecken, sondern helfen will.

Kaschubisches Wasserzeichen

BILDERVERZEICHNIS

BILDNACHWEIS

H. Clausen: 81, 98, 102, 106, 109, 122, 123, 125, 126; Ch. Jackwerth: 73–80, 82–97, 99–101, 103–105, 107, 108, 110–118, 120, 124, 127–132, 135–160, 164–167; OEP: Titelbild, 134, 161–163, 168; F. Zeppelin: 119, 121, 133

ZEICHNUNGEN

Th. de Boie: 43; Th. Dietrich: 38; Ernst R. Döring: 6, 8, 12, 14, 15, 24, 26, 30, 34; B. F. Dolbin: 45; E. Eichens: 49; E. M. Engert: 45; B. Hellingrath: 10, 69, 70; Johannes Hinz: 17, 37; Sammlung Lindemann: 9, 41, 62; Mankowski: 39; E. Orlik: 46; Schedelsche Weltchronik: 67; Schultz: 56; alte Vorlagen: alle übrigen Zeichnungen.

73 Vorherrschend im Panorama der 1231 vom Deutschen Orden gegründeten Stadt THORN, der einst wichtigen Hansestadt an der unteren Weichsel: die Altstädtische Pfarrkirche St. Johann. Mit der Errichtung dieses gotischen Backsteinbaus wurde nach 1250 begonnen. An das dreischiffige, in der zweiten Hälfte des 15. Jahrhunderts erhöhte Langhaus, das auf beiden Seiten durch eine Kapellenreihe flankiert wird, schließt im Westen der gedrungene, stumpfe Turm an. Sein Aussehen ist das Ergebnis eines Wiederaufbaus in den Jahren 1407 bis 1433 nach dem Einsturz des Vorgängers anno 1407.

74 Innenansicht der Altstädtischen Pfarrkirche ST. JOHANN in Thorn. Blick durch das Mittelschiff zum Altar, hinter dem der älteste Teil der Kirche liegt, der in drei Jochen überwölbte Chor. Hier stand einst die berühmte «Schöne Madonna», eine Muttergottesskulptur aus Kalkstein, ein Meisterwerk vom Ende des 14. Jahrhunderts (seit 1945 verschollen). An der Nordwand des Chors wurde 1908 ein Wandgemälde aus der Mitte des 14. Jahrhunderts freigelegt, Rest des reichen farbigen Wandschmucks, der einmal die ganze Kirche zierte. Die drei Schiffe des Langhauses sowie das mittlere Joch des Chors finden ihren Abschluß in fast 28 m hohen Sterngewölben, über denen sich die drei parallel verlaufenden Satteldächer erheben. In der Kirche erinnert ein Epitaph von 1733 an Thorns bedeutendsten Sohn, den hier 1473 geborenen Astronomen Nikolaus Copernicus (gestorben 1543 im ostpreußischen Frauenburg). Das von ihm erarbeitete heliozentrische System, demzufolge die Sonne den Mittelpunkt unseres Planetensystems bildet, bedeutete nicht nur für die Wissenschaft eine Revolution.

75 Von der Burg in Thorn, der ersten, die der Ritterorden im Osten anlegte – sie wurde 1231 auf dem rechten Weichselufer gegründet –, ist nicht mehr allzuviel übriggeblieben. Sie wurde 1454 zerstört, zu Beginn des Dreizehnjährigen Krieges, den preußische Edelleute und etliche Städte, darunter Thorn, gegen die als unbequem empfundene Ordensobrigkeit begonnen hatten. Der Zweite Thorner Frieden (1466) legte diesen Krieg bei. Zwei Jahre darauf wurde an der Südwestecke der Burg der noch erhaltene sogenannte JUNKERHOF aufgeführt. Dieser spätgotische Ziegelbau diente der St.-Georgs-Bruderschaft, einer Vereinigung von Kaufleuten, als Gesellschaftshaus. Hier präsentiert sich die südliche Giebelfront des 1884 nicht gerade glücklich restaurierten Bauwerks. Der links vorspringende, erst viel später überhöhte alte Eckturm gehörte zur Stadtbefestigung. Er wurde jedoch von den Rittern in Beschlag genommen, als ideale Überwachungsstation der nur wenig weiter links gelegenen Fährstelle und als Schutzwehr für eine Stauanlage. Ein Teil der noch erhaltenen Außenwand des Schleusenhauses im Bild rechts.

76 Im Hinblick auf Größe und Wirkung gibt es kein mittelalterliches RATHAUS, das mit dem in Thorn zu vergleichen wäre. Es wurde Ende des 14. Jahrhunderts errichtet und erhielt zu Anfang des 17. Jahrhunderts ein zweites Obergeschoß. Hier befindet sich der abgebildete große Ratssaal, der an entsprechende Räume in den alten Hansestädten Hamburg, Bremen, Lübeck und Lüneburg denken läßt. Die wuchtige Balkendecke stammt aus der Zeit des Umbaus. An den Wänden Bilder der Ratsherren von einst. Heute beherbergt das Thorner Rathaus ein Museum.

77 Von der türme- und torereichen mittelalterlichen Stadtbefestigung, welche die Thorner Alt- und Neustadt umschloß, existieren noch Reste, Tore jedoch nur an der Weichselseite der Altstadt. Es sind das Nonnen- und das Seglertor, beide aus der ersten Hälfte des 14. Jahrhunderts, sowie das hier gezeigte spätgotische FÄHR- oder BRÜKKENTOR mit abgerundeten Ecken und Zinnenkranz. Hans Gotland hat es 1432 gebaut. Durch dieses Tor gelangte man, wie der Name bereits sagt, zur Fährstelle, später zu der Holzbrücke, die auf alten Thorner Stadtansichten niemals fehlt.

78 Gut ein halbes Jahrhundert nach dem Baubeginn von St. Johann in der Thorner Altstadt wurde auch in der Neustadt die Errichtung einer Pfarrkirche in Angriff genommen: ST. JAKOB. Diese Kirche gilt als «künstlerisch bedeutsamster und prächtigster Ziegelbau des Ordenslandes». Der Grundriß zeigt große Ähnlichkeit mit dem von St. Johann. Auch hier fing man zuerst mit dem Chor an, einem Kleinod mittelalterlicher Backsteinarchitektur. Zum Unterschied von St. Johann hat nur das Mittelschiff Sterngewölbe; die Seitenschiffe begnügen sich mit schlichten Kreuzrippengewölben. Der viergeschossige, schön gegliederte Turm büßte 1455 durch Brandschatzung im Dreizehnjährigen Krieg sein Dach ein und erhielt dafür ein Doppeldach. Der hinter dem Langhaus emporragende spitze Turm gehört zur ehemaligen ev. Garnisonskirche, die zu Beginn der 1890er Jahre im Beisein von Kaiser Wilhelm II. eingeweiht wurde. – Im Vordergrund ein Stück der in jüngster Zeit angelegten Terrassentreppe, die besonders im Sommer zum Verweilen am Weichselufer einlädt.

79 Zum 1239 gegründeten, 1559 aufgehobenen Franziskanerkloster in Thorn gehörte die im 14. Jahrhundert erbaute MARIENKIRCHE, die 1557–1724 ev. Hauptkirche war, dann dem Bernhardinerorden zugesprochen wurde. Vom Hochaltar, einem Polyptychon (Flügelaltar mit mehr als zwei Flügeln) aus dem letzten Drittel des 14. Jahrhunderts, sind noch drei Flügelpaare erhalten. Ihre 24 Tafelbilder zeigen auf Goldgrund Szenen aus dem Leben des Heilands, Mariens sowie der Heiligen des Franziskanerordens. Hier die Anbetung des Jesuskindes durch die Heiligen Drei Könige.

80 In der Südwestecke des Kulmerlandes, 17 km nordwestlich von Thorn, lag die Ordenskomturei BIRGLAU. Die ursprüngliche Anlage wurde 1263 bei einem Litauereinfall fast völlig zerstört. An ihre Stelle trat schon bald ein Neubau. Zu Beginn des Dreizehnjährigen Krieges zwischen Preußischem Bund und Ritterorden fiel Birglau dem Gegner in die Hände, kam unter die Verwaltung polnischer Starosten und schließlich an die Stadt Thorn. Das Schloß verfiel, doch blieben Remter und Kapitelsaal erhalten. Eine Sehenswürdigkeit ist das Eingangstor, durch das der Blick aufs Haupthaus fällt. Das besondere an diesem Tor: die Gestaltung des Feldes zwischen dem granitenen Rund- und dem diesen überwölbenden Spitzbogen. Das Bogenfeld ist in drei Flächen aufgeteilt, aus denen je eine Relief-Figur aus gebranntem Ton hervortritt: in der Mitte ein Ordensritter zu Pferde, links ein stehender, rechts ein kniender Ritter. Den Spitzbogen des Tores umläuft eine (nur noch fragmentarisch vorhandene) Inschrift aus glasierten Tonlettern wie beim Turmportal von St. Jakob in Thorn.

81 Wegen seiner vielen Türme, die hier nicht alle zu sehen sind, wurde das hoch über dem rechten Weichselufer gelegene KULM das «Rothenburg des Ostens» genannt. 1232 vom Ritterorden angelegt, erhielt es ein Jahr später, zusammen mit Thorn, durch die «Culmer Handfeste» sein Stadtprivileg und galt lange als Hauptstadt des Ordensstaates. Links die frühgotische Pfarrkirche St. Marien, im Hintergrund der schlanke Turm des Rathauses, eines Renaissancebaus, rechts im Bild die um 1300 erbaute Heiliggeistkirche und Teile der weitgehend erhaltenen mittelalterlichen Stadtbefestigung.

82 Wie ein nach dem Norden verpflanztes Stück Italien mutet das palazzoartige RATHAUS von Kulm an, ein krasser Gegensatz zu dem klotzigen Backsteinturm von St. Marien links im Hintergrund – Renaissance gegen Gotik. Aber der elegante Bau, der frei fast in der Mitte des ungewöhnlich großen Marktplatzes steht, entstand in einer Zeit, als man auch in Polen nach italienischem Vorbild baute. In Polen? Ja, denn seit dem Zweiten Thorner Frieden (1466) war auch das Kulmerland für gut 300 Jahre unter polnische Oberhoheit geraten, fast genau 100 Jahre vor dem Bau des Kulmer Rathauses, der von 1567 bis 1695 dauerte. Die allgemein übliche Satteldachkonstruktion wurde zugunsten nach innen fallender Pultdächer aufgegeben. Die Fassade des zweiten Geschosses erfährt rundum durch eine Säulengalerie vornehme Auflockerung. Der Abschlußsims über dem mit kleinen Wandsäulchen geschmückten Fries ist mit geschweiften Ziergiebeln besetzt. Der Turm erhielt 1721 einen barocken Abschluß. In jüngerer Zeit hat sich die Kunst polnischer Restauratoren auch an diesem herrlichen Bauwerk bewährt.

83 Dieses Blatt vermittelt einen Eindruck von der Kolossalität der Pfarrkirche SANKT MARIEN in Kulm, erbaut etwa 1300–1330. Die Fertigstellung des Turms ist 1333 belegt; den spitzen Helm erhielt er jedoch erst im 17. Jahrhundert. – Die Konzeption der Gesamtanlage läßt an die von St. Johann in Thorn denken. Auch das fünfjochige Langhaus der Kulmer Marienkirche besteht aus drei gleich hohen Schiffen. Das mittlere trägt das herkömmliche Längsdach in Sattelform; die Dächer der Seitenschiffe werden, entsprechend ihrer Jochzahl, von kleineren Querdächern mit Giebeln gebildet. Wo diese aufeinandertreffen, sind Strebepfeiler vorgelagert, die in Giebeltürmchen enden. Von den vorgesehenen zwei Türmen der Westfassade ist nur einer vollendet. Sein Pendant hat nur die Höhe des zweiten, mit Blendengliederung versehenen Geschosses erreicht. Zwischen den Türmen befindet sich der von zwei vorgezogenen Strebepfeilern flankierte Eingang. Hoch über ihm der schön gestaltete Westgiebel des Mittelschiffs.

84 An der 1241 gestifteten ehemaligen Domkirche des Bistums Kulm in KULMSEE (früher auch Culmensee) ist wegen manchen Mißgeschicks 100 Jahre lang gebaut worden. Die Stadt, 19 km nördlich von Thorn am 5½ km langen Kulmseeer See gelegen, war bis ins 14. Jahrhundert Residenz der Bischöfe von Kulm. Im Hinblick auf ihre besondere Bestimmung wurde die Kirche entsprechend großzügig geplant, ursprünglich wohl als Basilika. Im 14. Jahrhundert kam das Querschiff hinzu, das aber nur unerheblich aus den Seitenschiffen hervortritt. Die Gesamtlänge der Kirche beträgt im Inneren fast 66 m. Das Langhaus, eine dreijochige Hallenkirche, hat im Mittelschiff quadratische Sterngewölbe. Über den wesentlich schmaleren Seitenschiffen waren nur längliche, rechteckige Sterngewölbe möglich. Von vier geplanten großen Türmen kamen nur zwei kleine, schlanke an den Ostecken des Querschiffs zur Ausführung, an der gegenüberliegenden Seite nur der nordwärts orientierte Turm. Die Domkirche fand stilisierte Darstellung im Wappen der Stadt.

85 Die St.-Barbara-Kapelle in LÖBAU, einem Städtchen in dem östlich ans Kulmerland anschließenden alten Landstrich gleichen Namens, steht seit 1835 auf dem Friedhof der Pfarrkirche St. Annen. Die Kapelle ersetzte einen kleineren Schurzbohlenbau mit Strohdach, der 1770 an die Stelle eines fast 100 Jahre älteren Vorgängerbaus getreten war. Die älteste an dieser Stelle vorhandene Barbara-Kapelle wurde 1505 geweiht und war für ortsansässige Polen bestimmt. In der Pfarrkirche wurde nur deutsch gepredigt. Die nach dem Zweiten Thorner Frieden (1466) zunehmende Polonisierung auch der Einwohnerschaft Löbaus führte dazu, daß in der Pfarrkirche der Gottesdienst polnisch abgehalten und damit die Barbara-Kapelle überflüssig wurde. Zu Anfang des 17. Jahrhunderts hat sie nicht mehr bestanden. Die heutige, nach wie vor einschiffige Kapelle ist ein auf massivem Fundament errichteter 18 m langer Holzbau. Über dem abgewalmten Schindeldach des Turms erhebt sich eine achteckige Glockenlaube mit aufgesetztem glockenförmigem Schindeldach.

86 Im Jahre 1301 verlieh der Kulmer Bischof Hermann dem am Flüßchen Sandella gelegenen Städtchen Löbau eine Handfeste. Seit dem 14. Jahrhundert war hier die Residenz der Bischöfe von Kulm, bis sie 1781 nach Kulmsee zurückverlegt wurde. Gleichzeitig mit dem Neubau der bischöflichen Burg, um 1300, wurde auch die Errichtung der Pfarrkirche ST. ANNEN in Angriff genommen, einer chorlosen einschiffigen Hallenkirche. Im Spitzbogen abgetreppte hohe Blenden lockern die Innenseiten der Längswände auf. Der Hochaltar, im Stil der Renaissance errichtet, stammt von 1723. Die Treppenbrüstung der in der Mitte der südlichen Längswand plazierten Kanzel (um 1740) ist mit den Bildnissen der vier Evangelisten geschmückt. Zweimal brannte die Kirche ab, 1533 und 1545. Das Feuer, das 1545 die ganze Stadt verheerte, «kam von den kerczen, die nicht gancz auszgelescht wurden in der kirchen», wie ein Chronist mitteilt. Zwischen den Brandjahren (1539) kam Copernicus für eineinhalb Monate nach Löbau, als Gast seines Freundes, des Bischofs Tidemann Gise.

87 Auch GRAUDENZ, auf dem rechten Weichselufer, verdankt seine Gründung den Deutschherren, die hier um 1234 eine Befestigung anlegten und diese nach 1260 zur Burg in Stein ausbauten. Im Mittelalter entwickelte sich der Ort zum Handelsplatz. Davon zeugen die Wehrspeicher aus dem 14. Jahrhundert, die noch heute die Weichselfront der Stadt beherrschen. Links neben dem massigen Turm der gotischen St.-Nikolai-Kirche der schlanke Barockturm des einstigen Jesuitenkollegiums, das von der Stadt 1895 als Ersatz für ihr zwei Jahre zuvor abgebranntes Rathaus erworben worden ist.

88 Bei dem Dorf Ottlotschin, bis zum Ersten Weltkrieg deutsch-russischer Grenzort, erreicht die WEICHSEL das Gebiet von Westpreußen. Sie durchfließt es bis zur Mündung in die Danziger Bucht und teilt dabei die Provinz in ein östliches und zwei westliche Drittel. Hier der breit dahinziehende Strom bei Graudenz. Dort überspannte ihn einst die zweitlängste Eisenbahnbrücke im Deutschen Reich: 1143 m lang. Sie wurde 1945 während der Kämpfe um die zur Festung erklärte Stadt zerstört. Längst verbindet jedoch eine neue Brücke die beiden Weichselufer wieder miteinander.

89 Der MARKTPLATZ der während der Endphase des Zweiten Weltkrieges schwer mitgenommenen Stadt Graudenz besaß schon vorher nur noch wenige alte Häuser, weil 1659 eine Belagerung im Zweiten Schwedisch-Polnischen Krieg erhebliche Zerstörungen verursacht hatte. Hier die Westseite des Platzes, auf der 1893 das Rathaus abbrannte, mit neuen «alten» Bürgerhäusern. Rechts dahinter die St.-Nikolai-Pfarrkirche. Wie die Abbildung auf Seite 87 zeigt, wächst ihr in die Baumasse hineingezogener Turm mit einer Seite nahtlos aus dem Westgiebel des Langhauses hervor.

90 Aus der Kapelle der Graudenzer Ordensburg stammt ein DOPPELFLÜGELALTAR vom Ende des 14. Jahrhunderts. Dank seiner Überführung in die Pfarrkirche der Stadt wurde er vor dem im 17. Jahrhundert einsetzenden Verfall der Graudenzer Burganlage bewahrt. 1883 kam der Altar bis auf einen Flügel und zwei Teilstücke ins Danziger Stadtmuseum, wohin 1912 die noch in Graudenz bewahrten Stücke folgten. Nach 1912–1915 vorgenommener Restaurierung wurde der Altar in der St.-Lorenz-Kapelle der Marienburg aufgestellt. Seit 1946 befindet er sich im Warschauer Nationalmuseum. Die insgesamt 18 Tafelbilder des Altars führen Stationen aus dem Marienleben, der Kindheit sowie dem Leiden Christi vor und behandeln Themen der Eschatologie. Die Köpfe der dargestellten Gestalten haben eine feinfühlige Behandlung erfahren und sind sehr ausdrucksstark. Erstaunlich ist die Farbenvielfalt dieses mittelalterlichen Kunstwerks, über dessen Schöpfer nichts bekannt ist. Das hier wiedergegebene Tafelbild ist das obere des rechten Innenflügels. Es zeigt Marias Anbetung des Jesusknaben.

91 Die von einem Ordenslandmeister um 1300 gegründete Stadt GOLLUB liegt in einer Schleife des Drewenzflusses, der seit dem Wiener Kongreß von 1814/15 die Grenze zwischen Preußen und dem zu Rußland geschlagenen Rest- oder Kongreß-Polen bildete. So gewann das Handwerkerstädtchen mit etwas Getreide- und Holzhandel eine gewisse Bedeutung als Grenzübergangsort, nicht zuletzt für Schmuggler. Der Baubeginn der Pfarrkirche St. Katharinen, im Mittelgrund rechts, fällt ins Ende des 13. Jahrhunderts. Weit schweift der Blick in die Ferne, hinüber ins altpolnische Land Masowien.

92 Auf dem nördlichen Drewenzufer überragt die auf steiler Höhe um 1300 zur Grenzsicherung erbaute KOMTURBURG Gollub das gleichnamige alte Städtchen. Sie war von 1466 bis 1772 Sitz polnischer Starosten, 1611–1625 Residenz der Schwedenprinzessin Anna Wasa, Schwester des Polenkönigs Sigismund III. Sie veranlaßte die Aufstockung des gotischen Viereckbaus im Renaissancestil. Kriegshandlungen in der Folgezeit fügten der jetzt wiederhergestellten Burg schwere Schäden zu. Auf dem einstigen Vorburggelände finden jährlich Ritterturniere in historischen Kostümen statt.

93 Am Fuß einer bewaldeten, recht steil abfallenden Bergkuppe mündet, 15 km östlich von Graudenz, die Gardenga in die durch ein windungsreiches, von Laubwaldhängen gesäumtes Tal der Weichsel zustrebende Ossa. Jene Bergkuppe war Standort der Ordensburg ROGGENHAUSEN, die seit 1285 einem Komtur, seit 1333 einem Vogt als Sitz diente. 1454, im ersten Jahr des Dreizehnjährigen Krieges, brannte die Burg aus und kam in die Gewalt der Gegner des Ordens. Von 1466 bis 1772 gehörte sie zum sogenannten «Polnisch Preußen», wie in jener Zeit die bequeme Abkürzung für «Preußische Lande Königlich-Polnischen Anteils» lautete, und unterstand einem Starosten. Nach dem Erwerb Westpreußens durch Friedrich II. im Zuge der Ersten Polnischen Teilung wurden die zur Burg gehörenden Ländereien in eine königliche Domäne umgewandelt. Im Laufe der Zeit war die Burg zur Ruine geworden, wurde u. a. als Steinbruch für den Bau der Festung Graudenz genutzt (1776–1786/89). Heute erinnert nur noch der 21 m hohe quadratische Torturm an die einstige Großanlage. Sein einziger Schmuck: die langgezogenen Blenden.

94 Im allgemeinen ging im Ordensland Preußen die Gründung einer Burg der Anlage einer in ihrem Schutz wachsenden Stadt voraus. Im Falle von STRASBURG an der Drewenz war es umgekehrt. An dem wichtigen Flußübergang entstand Ende des 13. Jahrhunderts die Stadt, im ersten Drittel des folgenden Jahrhunderts, tiefer im Tal, die Burg, abgebrochen Ende des 18. Jahrhunderts. Im Bild links ihr 51 m hoher Hauptturm. Das achteckige Türmchen rechts ist noch ein Überbleibsel des alten Rathauses, eines ehemaligen Kaufhauses; davor der lebendige Marktplatz der Kleinstadt.

95 Ein Orts- und Verkehrslexikon von 1912/13 verzeichnet acht Orte mit dem Namen Neumark, darunter das westpreußische Städtchen NEUMARK auf dem rechten Ufer der oberen Drewenz. Wie Gollub und Strasburg entwikkelte sich auch Neumark an einem günstigen Flußübergang, zu dessen Schutz wohl schon vor der Stadtgründung (1325) ein festes Haus des Ritterordens errichtet worden war. Von der ansehnlichen Stadtbefestigung haben zwei Tore sowie große Teile der Stadtmauer alle Stürme der Zeiten überstanden. Als die Reformation in Neumark Fuß faßte, wurde die Pfarrkirche St. Thomas, ein Backsteinbau des 14. Jahrhunderts, von den Protestanten übernommen, die sie jedoch im Zuge der Rekatholisierung bereits Ende des 16. Jahrhunderts wieder verloren. Im Chor sind verblaßte, wohl aus der Mitte des 15. Jahrhunderts stammende Fresken erhalten. Unter schlanken Arkaden sind hier über dem alten Chorgestühl und dem kleinen Spitzbogentor (Zugang zur Sakristei) drei Apostel, eine Schutzmantelmaria und der Erzengel Michael zu erkennen.

96 Zum Schutz gegen Einfälle der heidnischen Pruzzen wurde, wie üblich zuerst aus Holz, 1234 die Ordensburg REHDEN errichtet, 15 km südöstlich von Graudenz. Die Anlage war, nach Marienburg, das schönste Deutschordenshaus auf westpreußischem Boden und zählt zu den bedeutendsten Denkmälern der Ordensbaukunst. Zunehmender Verfall nach Zerstörungen im Zweiten Schwedisch-Polnischen Krieg und schließlich Nutzung als Steinbruch, um 1800, haben nur noch Teile des Südflügels und zwei Ecktürme übriggelassen. Seit 1837 bemüht man sich um die Erhaltung.

97 Den Namen einer «Wanderstadt» hat SCHWETZ nicht zu Unrecht erhalten. Die mittelalterliche Ansiedlung, die sich auf einem Höhenrand oberhalb der Mündung des Schwarzwassers in die Weichsel entwickelt hatte, erhielt 1338 vom Ritterorden eine Handfeste nach kulmischem Recht. In der Mitte des 14. Jahrhunderts kam es, wohl nach einem Brand, zu einer Verlegung der Stadt hinunter in die Niederung, in die Nachbarschaft der dort am Schwarzwasserfluß errichteten Ordensburg. Für den hierdurch gewonnenen Schutz mußte die Stadt jedoch häufige Heimsuchung durch Hochwasser hinnehmen, denn der Weichselstrom war noch nicht reguliert. So wurde dieses alte Schwetz, das im Dreizehnjährigen Krieg (1454–1466) und in den Schwedisch-Polnischen Kriegen des 17. Jahrhunderts sehr zu leiden hatte, in der zweiten Hälfte des vorigen Jahrhunderts abgebrochen und auf der vor Überschwemmung sicheren Höhe ein neues Schwetz gebaut. Dieses erhielt einen sehr geräumigen Marktplatz und ein Rathaus, das nicht nur mit seinem Turm Anleihen bei vergangenen Stilepochen machte.

98 Ein eigentümlicher Reiz geht von der verloren daliegenden Ruine der ORDENSBURG Schwetz aus. Ihre Vorgängerin, Ende des 12. Jahrhunderts Sitz des Pommerellenherzogs Grimislav, wurde 1309 vom Ritterorden erobert. Dieser stellte Grimislavs Befestigung wieder her und machte aus ihr eine Komturei. Knapp 40 Jahre später erhob sich an derselben Stelle eine Burg aus Stein, auf einer länglich-schmalen, durch Einmündung des Schwarzwassers in die Weichsel gebildeten Halbinsel. 1454, zu Beginn des Dreizehnjährigen Krieges, wurde die Burg von den gegen den Orden Verbündeten eingenommen, und damit war seine Herrschaft in Schwetz beendet. Die Burg verfiel. Erst nach 1945 erhielt sie im Zuge von Sanierungs- und Restaurierungsarbeiten das Wehrganggeschoß und ein Behelfsdach. Auch die unweit der Burg errichtete Pfarrkirche St. Stanislaus, deren ältester Teil, der Chor, vom Anfang des 15. Jahrhunderts stammt, ist eine Ruine.

99 Auch das Städtchen NEUENBURG hat, wie Schwetz, seinen Platz auf der Höhe oberhalb der Mündung eines linken Weichselnebenflusses: der Montau, die im Frühjahr das hier nicht sehr breite Niederungsgelände überschwemmt. Unter Pommerellenherzog Swantopolk († 1266) bestand hier eine Kastellanei. Bereits in der zweiten Hälfte des 13. Jahrhunderts zog es deutsche Siedler her, und 1282 gründeten die Franziskaner ein Kloster, ihr erstes in Pommerellen. Dessen Kirche, im 14. Jahrhundert erbaut, stand von 1542 bis 1604 und von 1846 bis 1945 den Protestanten zur Verfügung. Nach dem Großbrand von 1899 erlebte sie ihre neogotische Wiederentstehung. 1313 erwarb der Orden den Ort, gab ihm 1350 eine Handfeste und begann bald darauf mit dem Bau eines festen Hauses, das noch steht. Baugeschichtlich interessant: die hier abgebildete Pfarrkirche aus dem 14. Jahrhundert mit ihrer ungewöhnlichen Gestaltung der Giebel. Der auf der Südseite der Kirche heraustretende Turm zeigt ebenmäßige Gliederung seiner Geschosse durch Spitzbogenblenden.

100 Seit dem Bau der ältesten über die Weichsel geführten, 837 m langen Eisenbahnbrücke, die 1857 eingeweiht wurde, gelangte die Stadt DIRSCHAU als Eisenbahnknotenpunkt zu wachsender Bedeutung. 1891 wurde eine zweite Eisenbahnbrücke über den mehr als 300 m breiten Strom dem Verkehr übergeben. Die alte Gitterbrücke diente von da an dem Wagen- und Fußgängerverkehr. Hier der Marktplatz, im Hintergrund der achteckige Turm der Mitte des 14. Jahrhunderts erbauten, 1852 den Protestanten überlassenen Kirche des im Jahre 1289 gegründeten Dominikanerklosters.

101 Am Stadtrand von Dirschau steht diese alte Windmühle. Sie gehört zum Typ der HOLLÄNDERWINDMÜHLEN, so benannt nach dem Land ihrer Herkunft, aus dem um 1600 Siedler nach Westpreußen gekommen waren. Das Dach der Holländerwindmühlen ist drehbar. Bei der deutschen, völlig aus Holz gebauten Windmühle läßt sich das ganze Gehäuse über einem bockartigen Untergestell drehen; daher der Name Bockwindmühle. Eine solche zeigt die Abbildung auf Seite 116. Die Windmühlen dienten als Schöpfmühlen dem Antrieb von Be- oder Entwässerungspumpen, als Kornmühlen dem Mahlen von Getreide. Die älteste Windmühle Westpreußens, eine Bockmühle von 1730, stand im Dorf Alt Rosengart, Kreis Marienburg. Sie brannte 1945 ab. Ihr maßstabgetreu nachgebautes Modell befindet sich im Heimatmuseum von Delmenhorst. Baufälligkeit, Feuer, Sturm, der technische Fortschritt und auch der Zweite Weltkrieg sind die Ursachen dafür, daß sich die Zahl der Windmühlen in Westpreußen beständig verringert hat. Deshalb steht die Dirschauer Holländermühle unter Denkmalschutz.

102 In der Mündungsschleife der Ferse liegt auf mittelhohem Steilhang die Stadt MEWE. 1276 schenkte Pommerellenherzog Sambor II. sie dem Orden, der hier aber erst 1282 die Herrschaft antreten konnte. Die um 1290 errichtete viertürmige Burg diente nach 1772 als Kaserne, Magazin, Zuchthaus. 1921 machte ein Brand sie zur Ruine. Das nach 1945 wiederhergestellte Bauwerk, die Pfarrkirche St. Nikolaus aus dem 14. Jahrhundert sowie (rechts) das für den Polenkönig Johann Sobieski gebaute Schlößchen (Ende 17. Jahrhundert) sind markante Punkte im Panorama der Stadt.

103 Vom Oberlauf der Ferse verlegten 1276 aus Mecklenburg eingewanderte Zisterzienser ihr um die Mitte des 13. Jahrhunderts gegründetes Kloster weiter südöstlich an den Unterlauf des Flusses, nach PELPLIN. Alter Überlieferung zufolge soll noch Mestwin II. († 1294), der letzte Pommerellenherzog, Neffe Sambors II., den Bau der Klosterkirche begonnen haben, der in der zweiten Hälfte des 14. Jahrhunderts vollendet war. Die 80 m lange und fast 26 m breite Kirche – die Breite des Querhauses beträgt 43 m – ist eine der großartigsten gotischen Sakralbauten im Land an der unteren Weichsel. Das Mittelschiff des Langhauses ist 26 m hoch. Das als Basilika in Kreuzform fast völlig symmetrisch angelegte Bauwerk ist von ruhiger Klarheit und hoheitsvoller Strenge. Die dem Betrachter zugewandte Westfassade des Langhauses erhält, wie auch die Ostfassade, durch zwei hohe, achteckige Treppentürme, das zwischen ihnen aufschießende Fenster sowie durch den dreiteiligen Treppengiebel eine eigene Prägung. Die Form dieses Fensters wiederholt sich in schlankerer Ausführung im Querhaus.

104 Das Kloster Pelplin wurde 1823 aufgehoben, im Jahr darauf in den Klostergebäuden die Residenz der Bischöfe von Kulm eingerichtet und die bisherige Klosterkirche zur BISCHOFSKATHEDRALE erhoben. Hier ein Blick in ihr südliches, die Orgel beherbergendes Querhaus, das, wie auch sein nördliches Gegenstück, seine besondere Schönheit den nach Mitte des 16. Jahrhunderts eingezogenen kleinfeldrigen, höchst dekorativen Netzgewölben verdankt. Nicht unerwähnt soll bleiben, daß zu den Schätzen der reich ausgestatteten alten Klosterbibliothek auch eine Gutenberg-Bibel gehört.

105 Das Dorf LADEKOPP, 16 km nördlich von Marienburg in der Mitte des fruchtbaren Großen Werders zwischen Weichsel und Nogat, an der Kleinbahnlinie Tiegenhof–Schöneberg–Ließau (gegenüber Dirschau), hatte drei Kirchen: eine evangelische und eine katholische Pfarrkirche sowie eine Mennonitenkirche. Hier die Südansicht der um 1400, also noch zur Ordenszeit erbauten kath. Kirche. Sie gehört zum Typ jener Dorfkirchen, die eine Kombination aus Ziegel- und Holzbau darstellen. Weitere Variante: die Fachwerkkirche, die sich im Danziger sowie im Großen und Kleinen Marienburger Werder findet, aber auch in der Umgebung von Konitz, also im Süden von Pommerellen. – Der Turm der kath. Kirche in Ladekopp bestand ursprünglich ganz aus Holz. 1573 wurde er bis hin zum First des Kirchendachs ummauert, so daß von seiner Holzkonstruktion nur noch die achteckige Glockenlaube mit dem Spitzhelm zu sehen ist. Die kleine Vorhalle, durch die man in die Kirche gelangt, trägt als Verzierung einen Staffelgiebel.

106 Vorlaubenhäuser waren für ältere Dörfer des Ordenslandes so gut wie die Norm. Sie lassen sich schon im 16. Jahrhundert nachweisen. Die noch vorhandenen stehen da als Denkmäler bäuerlicher Architektur. Hier ein Vorlaubenhaus aus NEUTEICH im Großen Marienburger Werder. Der Vorbau des Hauses, die Vorlaube, deren Obergeschoß ursprünglich Speicher war, ruht auf hölzernen Pfosten. Ihr Abstand zur Hauswand war so gehalten, daß seitwärts ein Erntewagen einfahren konnte, von dem aus die Garben durch eine Fußbodenluke zum Speicher hinaufgestakt worden sind.

107 Etwa 35 km nordwestlich von Danzig liegt inmitten von Höhen und Wäldern im Urstromtal der Rheda eine der wenigen Städte Westpreußens, die ihre Gründung nicht dem Orden verdanken. Ihre Anlage im Jahre 1643 geht auf einen weit in der Welt herumgekommenen Kriegsmann zurück: Jakob Weiher (1609–1657), Sproß aus altem, der Familientradition nach im 14. Jahrhundert aus Franken eingewandertem Adelsgeschlecht. Auf seinen Wunsch hieß der Ort Weihersfrei, denn allen zuziehenden Ansiedlern war Toleranz in Glaubensdingen zugesichert. Des weiteren sind die Namen Weiheropolis, Neustädtchen, Nystadt, Neustadt sowie die polnischen Formen Wejherowo und Nowe miasto belegt. 1772 erhielt der Ort definitiv den Namen NEUSTADT; heute heißt er wieder Wejherowo. – Die 1643 zugesagte religiöse Toleranz erlitt bald eine Einschränkung. 1657 wurde den Protestanten das Recht auf eine eigene Kirche abgesprochen, die sie erst in den 1820er Jahren bauen konnten. 1909 wurde die hier gezeigte neue, größere ev. Kirche eingeweiht. Der neogotische Stil entsprach dem Geschmack der Zeit.

108 Was Heiligelinde für die Katholiken Ostpreußens war, das bedeutete Neustadt ihren westpreußischen Nachbarn. Für diese wurde die spätere Kreisstadt mit den um die Mitte des 17. Jahrhunderts an den Rand des nahen Stadtwalds gestellten KREUZWEGKAPELLEN zur vielbesuchten Wallfahrtsstätte. Diese der Barockarchitektur verpflichteten zierlichen Kleinbauten stellen einen reizvollen Kontrast zu dem asketischen Stil der ordenszeitlichen Backsteingotik dar, der weitgehend die Sakralbauten des Landes an der unteren Weichsel bestimmt. Hier eine der 26 schmucken Kapellen.

109 «An schönen Sommerabenden pflegte die Bevölkerung ... auf dem großen Marktplatz, sich lebhaft unterhaltend, zu promenieren. Das nannten sie krassatern.» So der in PUTZIG geborene Historiker Waschinski (1872–1971). Das uralte Fischerstädtchen an dem nach ihm benannten «Golf» der Danziger Bucht war einst für vorzügliches Bier weit bekannt. Die vom Orden angelegte Stadt, deren Pfarrkirche schon 1278 erwähnt ist, wurde 1348 mit einer Handfeste nach kulmischem Recht ausgestattet. Recht bescheiden setzte vor gut hundert Jahren Putzigs Entwicklung zum Badeort ein.

110 Nur 11 km Luftlinie sind es von Putzig hinüber zur Halbinsel HELA, nach Kußfeld, wo von bewaldeten Dünen der Blick über die Ostsee wandert. Hela, ein 34 km langer, stellenweise lediglich 200 m breiter Landstreifen, dehnt sich nur im letzten Drittel etwas weiter bis auf 3 km aus. Das sehr flache Gewässer zwischen der Halbinsel und dem Festland ist die in die Danziger Bucht übergehende Putziger Wiek. Nach wie vor per Eisenbahn erreichbar: die Spitze von Hela mit der gleichnamigen alten Fischersiedlung, in der es heute ein Fischereimuseum mit Fischkutter-Freilicht-Museum gibt.

111 Bis 1826 bestand das 1381 von einem pommerellischen Adligen mit Hilfe der Deutschherren für Angehörige des Kartäuserordens gestiftete Kloster KARTHAUS. Turm und Dach der 44 m langen, 1403 geweihten Klosterkirche erfuhren in der ersten Hälfte des 18. Jahrhunderts im Zuge eines Umbaus spätbarocke Umgestaltungen. Im Anbau auf der Südseite des Langhauses befinden sich die Sakristei und die Bruno-Kapelle. Das Gärtnerdorf Karthaus, in der Nähe des Klosterkruges, erhielt 1418 kulmisches Recht und entwikkelte sich dann zum Hauptort der Kaschubischen Schweiz.

112 Wohl von einem Danziger Künstler stammt dieser spätgotische ALTARSCHREIN aus dem Jahre 1444 in der Klosterkirche zu Karthaus. Sein Mittelstück stellt die Krönung Mariens dar. Zu beiden Seiten, wie die erhöhte Mittelgruppe unter gemeinsame Baldachine postiert, stehen Heiligenfiguren. Es sind von links nach rechts: die hl. Elisabeth, die hl. Maria Magdalena, der hl. Bruno (Stifter des Kartäuserordens), der hl. Johannes Chrysostomos, die hl. Barbara und der hl. Georg. Die Predella zeigt 14 gemalte Halbfiguren: in der Mitte Christus und Maria, flankiert von den 12 Aposteln.

113 Das von den slawischen Kassuben oder Kaschuben bewohnte nördliche Pommerellen hat von ihnen den Namen: Kassubien oder Kaschubien, Kassubei oder Kaschubei. Kernstück dieser seen- und waldreichen Hügellandschaft ist die KASCHUBISCHE SCHWEIZ. Ihr Herz: Karthaus, wo es heute ein Museum für kaschubische Volkskunst und Volkskunde gibt. Für Liebhaber unberührter Natur war die Kaschubische Schweiz von jeher ein Geheimtip. Den herrlichen Radaunensee hat ein in Kulm geborener, in Deutsch Krone aufgewachsener Dichter besungen: Hermann Löns.

114 Über die KASCHUBISCHE SCHWEIZ schrieb ein aus Schlesien stammender Maler: «Alles findet der Naturfreund in diesem Lande – nur keine Burgen und keine Schlösser. Verstreut in hügeligem Gelände, seltener zu Dörfern vereinigt, liegen die Häuser der kaschubischen Bauern. Mit Stroh gedeckt, scheinen sie eins mit der Erde, auf der sie stehen. Der Bauer, der diese Erde bestellt, ist zufrieden und gut ...» Und das, obwohl (oder weil?) er nie zu Reichtum gelangt ist; denn das Land, das er bebaut, ist zwar malerisch, aber doch sehr karg. Dafür entschädigt der Fischreichtum der vielen Seen. Die höchste Erhebung der Kaschubischen Schweiz, Westpreußens überhaupt, ist der Turmberg. Etwa 10 km südlich von ihm liegt der Geburtsort des polnischen Patrioten Jozef Wybicki (1747–1822). Er dichtete das Marschlied «Jeszcze Polska nie zgnieła» (Noch ist Polen nicht verloren), erstmals gesungen von der 1796 von General Dombrowski in Italien unter Napoleon gebildeten polnischen Legion, seit 1926 polnische Nationalhymne. Wybickis Geburtshaus ist seit 1978 nationale polnische Gedenkstätte.

115 Die Brahe, die etwa 10 km östlich von Bromberg in das sich ihr dort entgegenstreckende Weichselknie mündet, kommt aus einem See in Hinterpommern unweit Rummelsburgs. Bevor sie in die Tucheler Heide gelangt, muß sie einige kleinere und größere Seen durchfließen. Der mit Abstand größte von ihnen ist der langgestreckte MÜSKENDORFER SEE nördlich von Konitz am Westrand der Tucheler Heide, mit 1375 ha Wasserfläche der fünftgrößte westpreußische See. Er und der Geserichsee bei Deutsch Eylau sind noch immer die großen Segel- und Wassersportzentren Westpreußens.

116 Im Süden der Kaschubei, am Nordufer des östlichen Ausläufers des Weitsees, liegt das alte Fischerdorf SANDDORF, heute ein Ferienort mit einem schon Anfang des Jahrhunderts von dem «Volkspädagogen»-Ehepaar Gulgowski gegründeten Museum für kaschubische Volkskunde. Es wurde 1932 durch Feuer vernichtet, entstand aber wieder im alten Stil, dank der Tatkraft von Frau Gulgowski, die sich seit dem Tod ihres Mannes (1925) dem einst gemeinsamen Werk bis ans Lebensende widmete, der Betreuung des Museums. Sie starb 1951 am Ort ihres Wirkens, 91 Jahre alt.

117 Auch KONITZ, im Süden der Tucheler Heide, hatte sich 1440 dem Preußischen Bund angeschlossen, machte jedoch 10 Jahre später diesen Schritt rückgängig und hielt zum Orden. Daher die Bezeichnung «allzeit getreue Stadt». Neu entstanden und gefällig hergerichtet: der Marktplatz der im Frühjahr 1945 dem Beschuß durch die Rote Armee ausgesetzten Stadt. Früher war hier ein See. Links das neugotische Rathaus. Ganz rechts der wiederhergestellte Turm der im 14. Jahrhundert erbauten katholischen Pfarrkirche. Links davon die Türme der barocken Gymnasialkirche.

118 GYMNASIALKIRCHE hieß das ehemalige Gotteshaus der Jesuiten in Konitz, weil nach dem päpstlichen Verbot der Gesellschaft Jesu für die Jahre 1773–1814 deren Konventsgebäude in der alten Tuchmacherstadt katholisches Gymnasium wurde. Für dieses stellten nun die Jesuiten, die bereits 1620 nach Konitz gekommen waren, die Lehrer. An die Stelle der ersten Konitzer Jesuitenkirche, eines durch Feuer vernichteten Holzbaus von 1664, trat ein doppeltürmiger heller Massivbau in barocken Formen, der zu der benachbarten monumentalen gotischen Pfarrkirche St. Johann (Seite 117) einen reizvollen künstlerischen Kontrast bildet. Der in den Kampfhandlungen im März 1945 stark beschädigte rechte Turm der Gymnasialkirche hat inzwischen, bis auf die Helm-Patina, sein altes Aussehen zurückerhalten. Die nach 1772 den Protestanten zugesprochene Kirche ist heute wieder katholisches Gotteshaus. – Von der einstigen Konitzer Stadtbefestigung, die 22 Türme und Tore zählte, ist noch manches vorhanden, so das Schlochauer Tor, ein wuchtiger Backstein-Torturm aus der Zeit um 1400.

119 Nach Austritt der Brahe aus dem Müskendorfer See gelangt sie wenig später in den Karschinsee. Wo sie dessen Nordwestzipfel verläßt, liegt das Dorf SCHWORNIGATZ, bereits in der zweiten Hälfte des 12. Jahrhunderts Sitz von Augustinern. 1333 erwarb der Deutsche Ritterorden vom Kloster Oliva durch Tausch Schwornigatz und legte dort einen Sattelhof an. Das wohl um 1742 entstandene, jetzt unter Denkmalschutz stehende Holzkirchlein war so verfallen, daß es vor einigen Jahren von Grund auf erneuert wurde. Der steinerne Kirchenbau dahinter kam nach 1945 hinzu.

120 Am Westrand der Tucheler Heide, die sich quer durch Pommerellen zieht, trifft man auf die Stadt, nach der Westpreußens größtes Waldgebiet benannt ist, obwohl sie schon außerhalb von ihm liegt – TUCHEL. Der Ort gelangte 1330 in den Besitz des Ordens, der die Stadt anlegte. Dank günstiger Verkehrslage entwickelte sie sich zu einem lebendigen Marktort, mit einem für eine Kleinstadt beachtlich großen, nach 1945 umgestalteten Marktplatz, auf dem einst ein reges Treiben herrschte. Ins Rathaus ist, wie die Lettern PZU besagen, nun die Staatliche Versicherungsanstalt eingezogen.

121 Birken und Erlen sind in den Brüchen und Mooren der TUCHELER HEIDE anzutreffen. Ansonsten bestimmt die Kiefer das Bild dieses nur dünn besiedelten, über 100 km langen und 30–45 km breiten Waldgürtels, der in der Größe etwa dem Harz gleichkommt. Friedrich der Große hat nach Übernahme Westpreußens, also nach 1772, auf seinen Reisen in die neue Provinz die Tucheler Heide wiederholt durchquert und sich ihre forstwirtschaftliche Entwicklung sehr angelegen sein lassen. Als er einmal in Tuchel Station machte, wollte er von dem dort neu eingesetzten Oberförster wissen, wie viele Bäume der in seinem Revier habe. Geistesgegenwärtig nannte der Gefragte eine dreizehnstellige Zahl. Ob er das mit Bestimmtheit wisse, hakte der Alte Fritz nach. Die gewagte Erwiderung, Majestät möge nachzählen lassen, war gewiß im Sinne des Königs, dem es gefiel, wenn jemand, den er in die Enge getrieben hatte, sich geschickt aus der Affäre zu ziehen verstand.

122 Von Konitz sind es nur 14 km zu dem alten Ackerbürger- und Handwerkerstädtchen SCHLOCHAU. Seit früher Zeit Schnittpunkt zweier wichtiger Fernstraßen, kam der an zwei Seen gelegene Ort 1312 an den Orden, der hier weit im Westen seines Herrschaftsgebiets, auf einer Halbinsel, eine nach der Landseite hin durch Vorburgen gesicherte Befestigungsgroßanlage entstehen ließ. Trotz des strategisch günstigen Platzes wurde diese gleich zu Anfang des Dreizehnjährigen Krieges, 1454, von den Gegnern des Ordens erobert, war dann zur Zeit der polnischen Herrschaft Starostei. Nach zwei verheerenden Stadtbränden, 1786 und 1793, also schon zu preußischer Zeit, mußte die keineswegs verfallene Burg als Steinbruch für den Häuserneubau herhalten. Es blieb von ihr nicht viel mehr als der wuchtige achteckige Turm, den ein 1844 stilwidrig aufgesetzter Zinnenkranz auf die Höhe von 45 m brachte. An ihn angebaut: die 1826–1828 auf den Fundamenten der einstigen Burgkirche nach von Schinkel geprüftem Entwurf errichtete evangelische Kirche (heute Theatersaal).

123 Ein weiterer westlicher Ordensgrenzort, Station am ehemals bedeutendsten Ost-West-Verkehrsweg, war LANDECK, ein Städtchen an der Mündung der Dobrinka in die aus Hinterpommern nach Süden zur Netze fließende Küddow, später Grenzort der Provinz Westpreußen gegen Pommern. Hier hatte sich die Tuchweberei recht beachtlich entwickelt. Sie erlitt jedoch einen starken Rückschlag, als nach 1815 die Absatzmöglichkeiten in dem unter russische Oberhoheit geratenen Kongreßpolen wegen der vom Zarenreich praktizierten Grenzabriegelung verlorengingen. Zeitweilig Westpreußens kleinste Stadt, eigentlich nicht mehr als ein Marktflecken, hatte Landeck 1910 nur 767 Einwohner, gegenüber 1002 im Jahre 1860. Und 1825 waren es sogar nur 515. Es gab hier, wie auch in Schlochau, eine starke jüdische Gemeinde, die 1890 mit 216 Mitgliedern fast 22 v. H. der 983 Einwohner – darunter nur sechs Katholiken – ausmachte und eine Synagoge besaß. – Blick über die Küddow hin zur einstigen neuen ev. Kirche von Landeck (Grundsteinlegung 1885, Kirchweihe 1886).

124 Am Ufer des Vandsburger Sees, im Süden Pommerellens, steht die 1779 fertiggestellte kath. Kirche von VANDSBURG. Die älteste Erwähnung des Orts datiert von 1384, seine überlokale Bedeutung von der einem ev. Pfarrer zu dankenden Gründung eines Diakonissenmutterhauses der Gemeinschaftsdiakonie im Jahre 1900. Bald kam es im Westen und Süden des Reiches zu Tochtergründungen. Die Schwestern des Vandsburger Stamm-Mutterhauses, des größten Gebäudes der Stadt, gingen bis 1945 ihrer segensreichen Arbeit nach, auch in der «Korridor»-Zeit 1920–1939.

125 Wie Vandsburg besaß auch das 12 km weiter nördlich gelegene ZEMPELBURG, am Ostufer eines fast 5 km langen Sees, schon im 14. Jahrhundert magdeburgisches Recht. Eine katholische Pfarrkirche – die 1857/58 erbaute evangelische Kirche wurde nach Kriegsende abgetragen – ist bereits 1360 genannt. Die heutige Kirche, ohne Turm, ist ein Nachfolgebau aus den Jahren 1799–1812. Aus Zempelburg stammt der Journalist, Literatur- und Kulturkritiker Leo Berg (1862–1908), der bereits sehr früh (1891) über die sexuelle Problematik in der modernen Literatur zu schreiben wagte.

126 Fährt man von Zempelburg 10 km nach Norden, so erreicht man KAMIN an der Kamionka, die 500 m weiter östlich in den Moschelsee eintritt, um ihren Lauf zum Ferseflluß fortzusetzen. Die Stadt wurde 1359 vom polnischen Erzbistum Gnesen aus gegründet, haarscharf an der Grenze des Ordensstaates, in einem dem Gnesener Erzbischof gut 120 Jahre zuvor vom Pommerellenherzog Swantopolk geschenkten Gebiet. Zu deutschem Recht besiedelt, unterstand es in geistlicher Hinsicht dem Erzbistum Gnesen. Sitz des Archidiakons war das ebenfalls mit deutschem Recht ausgestattete Städtchen Kamin. 1578 erhielt es ein bis 1832 bestehendes Kollegiatsstift, dem im selben Jahr die voll in Backstein aufgeführte Pfarrkirche zugewiesen wurde. An die Stelle ihrer Vorgängerin, eines Holzbaus von 1372, war 1512 ein Neubau mit massiven Umfassungsmauern getreten. Die heutige, Anfang des 18. Jahrhunderts entstandene, 1720–1723 vollendete und 1738 geweihte schlichte Kirche erhielt 1864 ein Querhaus. Die Protestanten von Kamin kamen erst in den späten 1890er Jahren zu einer eigenen Kirche.

127 Der Name Stargard ist slawischen Ursprungs und bedeutet «alte Burg». Als «Castrum Starigrod» ist auf dem linken Ferseufer eine Burg des Pommerellenherzogs Grimislav bekannt, der sie 1198 von ihm ins Land gerufenen Johannitern schenkte. Nach gut 100 Jahren erwarb der Deutsche Ritterorden Dorf Stargard und legte auf dem rechten Flußufer eine Stadt an – das spätere PREUSSISCH STARGARD, das während der Ordensherrschaft einen beachtlichen wirtschaftlichen Aufschwung nahm. 1484 durch Feuer zur Hälfte zerstört, hatte die Stadt später durch die Schwedenkriege und weitere Großbrände schwer zu leiden, erlebte jedoch in der zweiten Hälfte des 19. Jahrhunderts im Zuge der zunehmenden Industrialisierung eine neue wirtschaftliche Blüte. An das Stargard der Ordensritter erinnert außer der Pfarrkirche nur noch der von der Stadtbefestigung übriggebliebene, nach 1945 mit steilerem Walmdach versehene Wehrturm am rechten Ufer der Ferse, welche die etwas erhöht liegende Stadt in einer Schleife umfließt. Im Hintergrund der Turm der einstmals ev. Kirche.

128 Es geht auch ohne Turm, wie bei der gotischen PFARRKIRCHE von Preußisch Stargard aus der zweiten Hälfte des 14. Jahrhunderts, einer dreischiffigen, von überhöhtem Mittelschiff bestimmten Basilika. Hier der Blick auf die vom Rand eines Hügels oberhalb der vorbeifließenden Ferse aufsteigende, durch einen vorspringenden Treppenturm leicht asymmetrisch gestaltete Westfassade. Sie besticht durch die von schlanken Pfeilern flankierten, mit paarigen Blenden versehenen Giebel, deren Wimperge durch Rundöffnungen und den Krabbenbesatz Auflockerung erfahren.

129 Der Südwestzipfel der ehemaligen Provinz Westpreußen, das Deutsch Kroner Land, das sich Brandenburg, Pommern und Polen häufig streitig gemacht hatten, gehörte von 1368 bis 1772 zu Polen. Seit dem 14. Jahrhundert waren deutsche Siedler in dieses Gebiet geströmt, dessen Bewohner durchweg deutsch sprachen und deshalb die königlich polnischen Erlasse übersetzt erhielten. Der Hauptort, die 1303 von zwei brandenburgischen Edelleuten gegründete Stadt DEUTSCH KRONE, liegt sehr malerisch auf einer Landenge zwischen zwei Seen. Hier ein Blick vom Schloßsee aus.

130 Eines der Friedrich dem Großen 1772 in der Ersten polnischen Teilung zugefallenen Gebiete war der Netzedistrikt. Zu Westpreußen geschlagen, behielt er einen gewissen Sonderstatus. 1807 wurde er dem Großherzogtum Warschau zugesprochen, fiel aber 1815 an Preußen zurück. Doch nur sein nordwestlicher Teil verblieb bei Westpreußen; der Süd- und Ostteil, damit auch die Stadt BROMBERG, kamen zur Provinz Posen. Erst seit 1939 hat Bromberg wieder zu Westpreußen gehört. Hier eine Ecke des Alten Markts: im Hintergrund rechts die ehemalige evangelische Pfarrkirche.

131 Vom Münzenwerder, einer Insel, die im Südteil der Stadt Bromberg von zwei Armen der zur nahen Weichsel fließenden Brahe gebildet wird, fällt der Blick auf die Nordseite der spätgotischen Pfarrkirche ST. NIKOLAI UND MARTIN. Ihr architektonisches Prunkstück: der im Unterschied zum Ostgiebel weitaus reicher verzierte Staffelgiebel der Westfassade, die fast doppelt so hoch wie das eigentliche Kirchenhaus ist. Am östlichen Ende des auffallend hohen Satteldachs wurde später ein achteckiger barocker Dachreiter mit einem verspielt gegliederten Haubenhelm aufgesetzt.

132 Von den fünf FACHWERKSPEICHERN am Braheufer in Bromberg stehen nur noch drei; die einst links anschließenden fielen 1960 einem Großbrand zum Opfer. Für Getreideeinlagerung bestimmt, leisteten sie dem Umschlaghandel gute Dienste. Sie wurden nach Fertigstellung des 1773/74 auf Anordnung Friedrichs d. Gr. gebauten Bromberger Kanals errichtet, durch den eine Verbindung zwischen den Flußsystemen von Oder und Weichsel zustande kam, worauf die Stadt einen raschen Aufschwung nahm. Ein Speicher ist heute Museum, Bromberg aber Nordpolens größter Binnenhafen.

133 Keimzelle der Stadt BROMBERG: eine im 12. Jahrhundert bei der Holzburg einer Kastellanei entstandene Siedlung. Von Polenkönig Kasimir d. Gr., der die deutsche Kolonisation begünstigte, erhielt Bromberg 1346 deutsches Stadtrecht. Hoher Wirtschaftsblüte im 15. und 16. Jahrhundert folgte schlimmer Verfall, der erst Stillstand fand, als die Stadt 1772 an Preußen kam. – Von der Theaterbrücke ein Blick braheaufwärts, hin zur 1910–1912 erbauten Trinitatis-Kirche. Vorn links ein Stück der (im Volksmund) kleinen «Liebes-Insel». Dahinter die Zuflüsse von den Mühlen her.

134 Die letzte große Unternehmung des aus böhmischem Fürstenhaus stammenden Bischofs Adalbert von Prag (um 956–997) war eine Missionsfahrt zu den Pruzzen, die ihn 977 die Weichsel hinab nach Danzig führte. Als er sich von dort weiter ins Land vorwagte, fand er den Märtyrertod. Seine Beisetzung erfolgte in Polens ältester Stadt, in GNESEN, im dortigen Dom, dessen um 1770 gearbeitete romanische Bronzetüren Reliefdarstellungen aus dem Leben des bereits 999 Heiliggesprochenen festhalten. Hier die Übergabe des Bischofsstabs an ihn durch Kaiser Otto II. in Verona 883.

135 In Westpreußens Nordostecke, am Ostrand des Dreiwerdergebiets, am Südwestrand eines zum Frischen Haff abfallenden kleinen Gebirges liegt die alte Hansestadt ELBING; so benannt nach dem Fluß, der aus dem nahen Drausensee kommt und ins nicht ferne Frische Haff fließt, das einen Zugang zur Ostsee besitzt. Diese günstige Lage erklärt die schnelle wirtschaftliche Blüte der Stadt, die hier in dem frühgeschichtlichen Handelsplatz Truso schon einen Vorgänger gehabt hatte. Gleichzeitig mit über See eingetroffenen Lübeckern waren die weichselabwärts vorstoßenden Ordensritter angelangt und bauten etwas südlich von der lübischen Siedlung eine Burg. Als Gemeinschaftswerk von Bürgern und Rittern entstand 1242 in dem zwischen ihnen verbliebenen Freiraum das Hl.-Geist-Hospital, seit 1291 – Fall von Askalon – zunächst Hauptsitz des Ordens. – Die wohl noch vor 1250 vollendete St. Nikolaikirche steht heute, nach Behebung 1945 erlittener Kriegsschäden, recht vereinzelt auf dem Boden der damals völlig zerstörten Elbinger Altstadt.

136 Kaum zu glauben, aber wirklich wahr: Wilhelm II., Deutschlands letzter Imperator Rex, hat 1916, nach einem Besuch im Hindenburg-Hauptquartier, in Elbing zum erstenmal in seinem Leben eine Straßenbahn bestiegen: am Hauptbahnhof. Er verließ sie an der Schichauwerft, wo er sich über den Stand der Torpedobootproduktion unterrichten wollte. Grund für die ungewöhnliche Beförderung: kein Taxameterverkehr wegen kriegsbedingten Benzinmangels, und zufällig keine Pferdedroschke am Bahnhof. Aber der Kaiser genoß die Tramwayfahrt vollauf, entrichtete übrigens brav wie jedermann den Fahrpreis von 10 Pfennig und spendierte bei Beendigung des unvorhergesehenen «Abenteuers» dem Fahrer 10 Mark. Friedrich der Große, Wilhelms II. Ururgroßonkel, hätte dergleichen wohl als Verschwendung empfunden. – Und so also sieht das 1319 erbaute, im 15. Jahrhundert aufgestockte, im Zweiten Weltkrieg Anfang 1945 beschädigte Elbinger MARKTTOR nach seiner historisch orientierten Wiederherstellung aus.

137 Das 1246 mit lübischem Recht bedachte Elbing entwickelte sich zügig zum ersten Seehafen Altpreußens, gab zwar gegen Ende des 14. Jahrhunderts diese Stellung an Danzig ab, blieb aber im Genuß mancher Privilegien, z. B. des Münzrechts. 1454 schlägt der hier von den Ständen gegen den Orden geschlossene Preußische Bund los. Der Dreizehnjährige Krieg besiegelt das Schicksal der Ordensherrschaft, die schon nach der verlorenen Schlacht bei Tannenberg (1410) in eine kritische Phase geraten war. Gegenüber der seit 1466 auch für Elbing gut 300 Jahre währenden polnischen Oberhoheit wußte die Stadt ihre Sonderstellung durchzusetzen, blieb aber letztlich nur Figur auf dem Schachbrett der «Macher», so, als sie 1657 von dem von den Schweden bedrängten Polenkönig dem brandenburgischen Kurfürsten verpfändet wurde, für dessen Frontwechsel zugunsten Polens. Aber: kulturelle Hochblüte. Das 1543 eröffnete Gymnasium – eine Bildungsstätte von Ruf. Hier der 1912 errichtete Neubau des REFORM-REAL-GYMNASIUMS, heute Sitz der Stadtverwaltung.

138 Beim Namen ELBING denkt der «Eingeweihte» sofort an Industrie, und da zuerst an das aus der kleinen, 1837 mit sieben Arbeitern gegründeten Maschinenbauanstalt Schichau hervorgegangene Großunternehmen von Weltruf, das Schiffe, Bagger, Maschinen sowie Lokomotiven herstellte und bahnbrechend im Kriegsschiffbau war. Hier wurde der 1922 in Dienst gestellte Überseedampfer «Columbus» gebaut (32600 BRT). Aber vor den Toren der Fabrikstadt gab und gibt es das ganz Andere: die so fruchtbare Feld- und Wiesenlandschaft des weiten Werderlandes mit ihren alten Weiden.

139 Ein Europa-Kuriosum: der 1845–1860 gebaute OBERLÄNDISCHE KANAL. Er verbindet den Drausensee, also auch Elbing, mit dem Drewenz- und mit dem Geserichsee, führt so im Oberland bis Osterode in Ost- und Deutsch Eylau in Westpreußen. In seinem Nordteil wird der Kanal durch fünf «schiefe Ebenen» oder Rollberge unterbrochen, die im Verein mit vier Schleusen auf einer Strecke von 9 km einen Höhenunterschied von 106 m überwinden. Da geht's per Schiff auf Schienen über Land, bergauf, bergab. 60 Wasserrad-PS und ein Endlosdrahtseil machen's möglich.

140 Strandkörbe sind am Ostseestrand von KAHLBERG, auf der mit Hela vergleichbaren Frischen Nehrung, nicht mehr zu mieten. Aber das tut den Badefreuden keinen Abbruch. Der Ort liegt auf der dem Frischen Haff zugekehrten Seite der schmalen, 60 km langen, mit Kiefern bestandenen Wanderdünenhalbinsel. Sie läßt sich auf guter Asphaltstraße befahren, aber nur bis etwa zur Hälfte, denn schon bald nach Neukrug ist die Welt zu Ende. Dort, nicht weit von dem ehedem nordöstlichsten Punkt der Provinz Westpreußen, beginnt heute das Hoheitsgebiet der Sowjetunion.

141 Als der Hochmeister des Deutschen Ordens 1309 seine Residenz von Venedig nach MARIENBURG verlegte, erwies sich die dort 30 Jahre zuvor auf dem rechten Nogatufer fertiggestellte Burg als zu klein. Ihre Umwandlung zur Regierungszentrale des Ordenslandes bedingte Um- und Erweiterungsbauten bis Ende des 14. Jahrhunderts und ließ so den großartigsten Profanbau der gotischen Backsteinarchitektur entstehen. Von links nach rechts: der Hochmeisterpalast des Mittelschlosses, dann das Brücktor und schließlich das Hochschloß mit dem ihm verbundenen Südwestturm.

142 Um 1800 war auch die Marienburg bedenklich vom Verfall bedroht. 65 Jahre lang wurde an ihrer Restaurierung gearbeitet, von 1817 bis 1842 und von 1882 bis 1922. Die Beschädigungen des Schlosses Ende des Zweiten Weltkriegs sowie die Zerstörungen eines erheblichen Teils des nach 1945 Wiederentstandenen durch einen katastrophalen Großbrand (1959) sind dank polnischer Wiederaufbauarbeit behoben. Hier der BURGHOF des Mittelschlosses. Ganz links der Chor der Hauskapelle. Dahinter, über den kleinen Anbauten, die Fensterfassade der Ostseite des Großen Remters.

143 Der GROSSE REMTER im Obergeschoß des Mittelschlosses der Marienburg, ein Festsaal von 30 m Länge, 15 m Breite und 9 m Höhe, ist von dem in den ersten eineinhalb Jahrzehnten unseres Jahrhunderts hinzugekommenen Dekorationsballast nach 1945 glücklich befreit worden. So kommt die architektonische Wirkung dieses so harmonisch gestalteten Raums mit seinen aus drei schlanken Mittelsäulen sich palmenartig auffächernden Strahlengewölben wieder voll zur Geltung. Der wohl im zweiten Viertel des 14. Jahrhunderts entstandene schlichte und dennoch prunkvolle Raum, 1812 von den Franzosen bei Einrichtung ihres Militärlazaretts durch ein hölzernes Zwischengeschoß verunstaltet, war Ausgangspunkt für die 1817 beginnende erste Restaurierungsphase der Marienburg. Und es «stand denn schon im Jahre 1821 der Saal in seiner uralten Schönheit da…, ein Aufenthalt von unbeschreiblich milder Heiterkeit…» So der Dichter Eichendorff in seiner 1844 erschienenen Schrift «Die Wiederherstellung des Schlosses der deutschen Ordensritter zu Marienburg».

144 «Marienburg gemahnt mit seinen Hohen und Niedern Lauben, die den Marktplatz von der Schloßfreiheit bis zum Marientor einfassen, ... aufs lebhafteste an ... unter einem glücklichern Himmel gelegene Städte. Wer wie ich aus Marienburg kommend, den Süden erst später kennengelernt hat, der fühlt unter den Laubengängen von Bern oder Bozen oder Bologna überall die Erinnerung an die nordische Ordenshauptstadt in sich aufsteigen...» So steht es in Max Halbes Autobiographie «Scholle und Schicksal» von 1933. Solche Lauben, «überwölbte, von Säulen gestützte, offene Promenadengänge an der Straßenseite der Häuser» (W. Schwandt in seinem Marienburg-Führer), konnte man im Ordensland häufig finden. Auf der Seite der Marienburger Niederen Lauben lag das Mitte des 14. Jahrhunderts erbaute RATHAUS, dessen Straßenfassade auch solch einen offenen Promenadengang besitzt. 1945 entgingen, wie schon 1410, nur das Rathaus und die Johanniskirche der Zerstörung der Marienburger Altstadt.

145 Nachbar der Marienburg auf der Südseite ihres Gebiets: die im 13. Jahrhundert wie die Burg am Nogatufer erbaute katholische Pfarrkirche der Stadt, ST. JOHANNIS. Ihre heutige Gestalt entspricht der des 1468 begonnenen Neubaus, der nach Zerstörung der Kirche zur Zeit der Belagerung der Stadt in den Jahren 1457–1460 erfolgt war. Während der Kriegshandlungen im Frühjahr 1945, in deren Verlauf die Marienburger Altstadt so gut wie vernichtet wurde, kam die Johanniskirche mit Beschädigungen des Dachs und der hölzernen Teile des Turms glimpflich davon.

146 Bei der Restaurierung der Marienburg entstanden mancherlei nach alten Vorlagen im historisierenden Geschmack der Zeit gefertigte Ausstattungsstücke. «Besonders Wilhelm II. liebte solche Ausstattungsgegenstände und hat deren Herstellung lebhaft unterstützt», teilt Marienburgkenner Rainer Zacharias mit. Der Kaiser nahm übrigens 1902 an den Feierlichkeiten zur beendeten Wiederherstellung des Hochschlosses teil. Zu besagten Ausstattungsstücken dürfte auch jene geschnitzte LEUCHTERKRONE gehören, deren untere Hälfte hier gezeigt wird. Die Kerzenhalter, auf älteren Abbildungen gut zu erkennen, sind verschwunden. Die heute ihr Kunstlicht ausstrahlenden Kerzenbirnen der nun elektrifizierten Leuchterkrone werden von Teilen ihres fast völlig ab- und ausgebrochenen, rundum verlaufenden ornamentalen Abschlusses kaschiert. Sie hing einst in dem Flur, der im Hochmeisterpalast zu Sommer- und Winterremter führt, und gelangte später in die Johanniskirche.

147 Nur 13 km südlich von Marienburg liegt zwischen zwei Seen das Städtchen STUHM, eine Gründung der Ordensritter, die hier in der ersten Hälfte des 14. Jahrhunderts, 100 Jahre nach Zerstörung einer Pruzzenfeste, eine Burg gebaut hatten, von der es noch Reste gibt. Mit der Marienburg und der Burg zu Konitz gehört sie zu den einzigen Bastionen, die der Orden 1454 bei Ausbruch des Dreizehnjährigen Krieges halten konnte. Hier ein Blick auf die Stadt über den Barlewitzer See. Von Bäumen fast verdeckt: der spätgotische Backsteinbau der katholischen Pfarrkirche, rechts die ev. Kirche.

148 So sieht die hochflächige Gegend um STUHMSDORF aus. Die friedlichen Schwäne können nicht wissen, daß «ihr» Dorf lange vor ihrer Zeit Einzug in die Geschichtsbücher gehalten hat: im Jahre 1635, als es Schauplatz der 26jährigen Verlängerung des sechs Jahre zuvor geschlossenen Waffenstillstands zwischen Schweden und Polen war. Durch ihn fiel das Küstengebiet von Pillau bis Memel an den Herzog von Preußen zurück, den Kurfürsten von Brandenburg und ehemaligen Verbündeten der Schweden. In puncto Koalitionswechsel waren die hohen Herren nicht gerade heikel.

149 Die Stadt CHRISTBURG, im nordöstlichen Westpreußen, hatte 1939 rund 3600 Einwohner. Die Zerstörungen Ende Januar 1945 ließen von dem lebendigen Marktort am Sorgefluß nur an die 40 Häuser übrig. Inzwischen ist die Stadt wiedererstanden, wenn auch anders. Der Hügel, an dessen Fuß sie liegt, war in prähistorischer Zeit Standort einer Befestigung, deren Fundamente später die Pruzzen für eine Burganlage nutzten. Diese wiederum wurde von den gegen die seit 1242 aufständischen Pruzzen kämpfenden Ordensrittern erobert und 1248 zur Steinburg umgebaut. Bereits 1249 kam hier zwischen Orden und Pruzzen ein Frieden zustande, der deren ersten Aufstand beendete. Die Stadt entstand bald nach Anlage der Burg, die bis 1410 Sitz eines Komturs war und im Dreizehnjährigen Krieg völlig zerstört wurde. Von älteren Bauten sind erhalten: die hier gezeigte kath. Pfarrkirche (Turmoberbau von 1730), die einstige Kirche des Reformatenklosters (beide vom Anfang des 14. Jahrhunderts) sowie die ehemalige evangelische Kirche von 1791/92.

150 Etwa zwei Kilometer zieht sich das am Westrand eines ausgedehnten Nadelwaldgürtels zwischen Marienwerder und Stuhm gelegene Straßendorf REHHOF hin, dank seit 1883 bestehenden Anschlusses an die Weichselstädtebahn Thorn – Marienburg einst ein beliebter Sommerausflugsort, besonders für die Marienwerderer. An frostklirrenden Wintertagen aber dürfte vor diesem alten Gasthaus an der Durchgangsstraße des Dorfes so mancher Pferdeschlitten gehalten haben, dessen «Besatzung», einschließlich Kutscher, hier etwas zur inneren Erwärmung gegen die beißende Kälte unternahm.

151 Von der im 13. Jahrhundert erwähnten Burg der Ordensritter finden sich in POSILGE, einem ansehnlichen Dorf am Südrand des Kleinen Marienburger Werders, keine Überreste. Und die im 14. Jahrhundert erbaute Backsteinkirche stürzte 1666 ein. Beim Wiederaufbau nach über 100 Jahren erhielten Langhaus und Chor ein mit prächtiger Bemalung geschmücktes Holztonnengewölbe. Der nach dem Ort seiner Geburt genannte Johann von Posilge (um 1340–1405), seit 1376 Offizial des Bischofs von Pomesanien, ist der Verfasser der bedeutendsten lateinischen Chronik des Ordenslandes.

152 Das von etwa 1322 bis um 1360 als Wohnung des Domkapitels erbaute Schloß zu MARIENWERDER war nach der Säkularisierung (1525) Sitz ev. Bischöfe und herzoglich preußischer Amtshauptleute, nach 1772 verschiedener Behörden, ab 1936 einer Reichsführerschule der HJ. Seit 1950 ist es Museum. Aus nahezu 20 m tiefer liegendem Gelände erhebt sich der Abschlußturm (ursprünglich Abort) des nach Westen vorspringenden sogenannten Danzkers, im 19. und noch im 20. Jahrhundert Gefängnis. Zwei Schloßflügel fehlen; aus ihren Ziegeln entstand 1798–1800 das Oberlandesgericht.

153 Der DOM von Marienwerder, entstanden 1344 bis etwa 1355, ist mit dem ihm im Westen vorgelagerten Schloß, dessen 54 m hoher Hauptturm zugleich den Glockenturm der einstigen Bistumskirche abgibt, ein 190 m langer Baukomplex, einer der schönsten Backsteinbauten des Deutschen Ordens. Da die Marienwerderer Altstadt 1946 durch Feuer zerstört wurde, erlaubt das Fehlen der einst den Marktplatz im Norden und Westen begrenzenden Laubenhäuser, die früher von ihnen weitgehend verdeckte Südseite der großartigen Domburganlage als Einheit in den Blick zu bekommen.

154 Von dem etwa 1264 bis 1284 aufgeführten Vorgängerbau des DOMS von Marienwerder ist nur noch die Vorhalle aus Gotländer Kalkstein geblieben. Bischofsresidenz war seit 1254 eine Zeitlang die alte, vom Orden 20 Jahre zuvor übernommene Pruzzenburg. Mit ihr hatten die Ritter das befestigte Lager vertauscht, das sie 1233 weiter nördlich auf einem Abhang oberhalb einer von Weichsel und Liebe-Nogat-Flußsystem gebildeten Insel (Werder) errichtet und Marienwerder genannt hatten. Der Name wanderte beim Umzug mit, und auch die wenig später angelegte Stadt erhielt ihn.

155 Zur künstlerischen Ausstattung des Doms zu Marienwerder gehören zwei 1715 von dem Bildhauer Joseph Anton Kraus gleichartig gestaltete BEICHTSTÜHLE mit Flachreliefs in den Brüstungen. Vollfiguren – Engel sowie Verkörperungen von Liebe, Geduld, Glaube und Hoffnung – tragen die Baldachine. Von besonderer Bedeutung: der für die nach einem Jahrhunderte währenden Kanonisierungsprozeß 1977 heiliggesprochene Dorothea von Montau bald nach ihrem Tod angefertigte Reliquienschrein mit gotischen Tafelmalereien. Die 1347 in Groß Montau, einem Dorf im Großen Marienburger Werder, geborene Dorothea, die anstrengende Wallfahrten nach Aachen und Rom unternommen hatte, war 1391 nach dem Tod ihres Mannes, eines Danziger Handwerkers, nach Marienwerder gezogen. Dort verbrachte sie seit 1393 den Rest ihres Lebens, keine 15 Monate mehr, in einer eigens für sie im Dom eingebauten Klause. Die schon früh heiligmäßig verehrte Mystikerin fand in ihrem geistlichen Betreuer, dem seit 1388 dem pomesanischen Domkapitel vorstehenden Johann von Marienwerder, ihren ersten Biographen.

156 Sehr augenfällig widerlegt dieses Bild aus der Umgebung von MARIENWERDER die vorherrschende Ansicht vom eintönigen Flachlandcharakter Westpreußens, des Ostens überhaupt. Nur das Drei-Werder-Gebiet macht da eine Ausnahme. Seine zum Schutz gegen das Hochwasser aufgeschütteten Weichsel- und Nogatdämme sind nur eine bescheidene landwirtschaftliche Abwechslung. «Die ganze Gegend», schrieb der Dichter Max Halbe, ein Sohn des Werders, «mit ihren vielen Weiden und Erlen, in ihrer grenzenlosen Verlassenheit und Weltferne, ist von tiefer Melancholie erfüllt. Verläßt man aber die Niederung, so zeigt sich ein anderes Bild.» Schon dem halbwüchsigen Werderjungen fiel bei Fahrten «auf die Höhe» jedesmal diese Veränderung der Landschaft auf, denn er «entdeckte ein Auf und Nieder von Buckeln, Kuppen, Mulden, Hügeln, Schluchten, Anhöhen, die immer weiter aufstiegen und richtige Berge wurden.» So wie in der Gegend um Marienwerder, das mit seinem Hinterland von den Bewohnern der Weichselniederung pauschal als «auf der Höhe» bezeichnet wurde.

157 Westteil und sich links anschließender Turm der ehemals ev. Pfarrkirche der 1305 vom pomesanischen Domkapitel gegründeten Stadt ROSENBERG, keine 30 km östlich von Marienwerder, gehören der jüngsten, noch vor der Mitte des 14. Jahrhunderts endenden Bauphase dieses Gotteshauses an, dessen Westfront um 1600 einen Renaissancegiebel erhielt. Um 1650 war der Zustand der Kirche miserabel, wohl nicht zuletzt infolge jahrelanger «Zurückhaltung» der zu Abgaben Verpflichteten. Nach Wiederinstandsetzung der Kirche in den 1730er Jahren war ihr Zustand bereits 1787 erneut so schlecht, daß man um Genehmigung einer Kollekte für sie in allen preußischen Staaten einkam, mit Erfolg. Aber noch das ganze 19. Jahrhundert hindurch schleppten sich Stückwerk bleibende Ausbesserungsarbeiten dahin. Erst die Generalrenovierung von 1929 schuf endgültig Abhilfe. 1807 vertrieb sich der Feldmarschall Blücher in Rosenberg zwei Wochen Wartezeit beim Whistspiel, bevor ihn Napoleon im 6 km entfernten Schloß Finckenstein empfing.

158 Von den 400 ha Gewässer, die zu dem fast 9000 ha großen Besitz der Grafen von FINCKENSTEIN, später der zu Dohna gehörten, ist dieser Ententeich nur ein Tropfen. «Enfin un château!» rief Napoleon 1807 angesichts des Finckensteiner Schlosses aus, das für fast 10 Wochen sein Hauptquartier wurde. Hier bereitete er die Schlacht von Preußisch Eylau vor, fand aber noch genug Zeit für seine 130 Jahre später mit der Garbo verfilmte Romanze mit der polnischen Gräfin Walewska. Das 1716–1720 erbaute Schloß, ein Prunkstück des preußischen Barock, brannte 1945 aus.

159 Von dem 1276/77 in RIESENBURG vom zweiten pomesanischen Bischof erbauten, 1330–1340 vergrößerten Schloß war nach Bränden im 17. und 18. Jahrhundert kaum etwas geblieben. Der Erstbau, bei dem sich die Stadt entwikkelte, wurde bald ständiger Sitz der Bischöfe, die einstige Deutschordensburg in Marienwerder als Residenz aufgegeben. Von der ehemals ev. Pfarrkirche aus der ersten Hälfte des 14. Jahrhunderts gab es bei Ende des Zweiten Weltkriegs nur noch die Außenmauern und den Turm; aber ihr Ruinendasein ist nun zu Ende, die Wiederherstellung abzusehen.

160 Von Rosenberg am Nordende des Stadtsees sind es in südöstlicher Richtung 15 km nach SCHÖNBERG am Nordende des Haussees. Die 1386 fertiggestellte, immer wieder um- und ausgebaute Burg, Sommersitz der pomesanischen Bischöfe, kam 1698 durch Kauf an den Kammerherrn Ernst Finck, seit 1710 Reichsgraf Finck von Finckenstein, und blieb bis 1945 im Besitz von dessen Nachfahren. Hier ein Blick auf die Südwestecke der Schloßanlage, die, nach Flucht der Schönberger, bei Anrücken der Roten Armee in der zweiten Januarhälfte 1945 zum großen Teil gebrandschatzt wurde.

161 Im Jahre 1865 hatte das 500 Jahre zuvor mit deutschem Recht ausgestattete Fischerdorf GDINGEN an der Westküste der Danziger Bucht um 265 Einwohner; 1921, ein Jahr nach Inkrafttreten des Versailler Vertrags, der den Ort zu Polen schlug, noch keine 300. Damals begann der Bau des einzigen polnischen Kriegs- und Handelshafens, Konkurrenzgründung zu Danzig. 1926 Stadt, 1939–1945 als Gotenhafen dem Deutschen Reich eingegliedert, ist Polens bedeutendster Handelshafen heute mit Danzig und Zoppot zur «Dreistadt» vereint. 1980 hatte Gdingen 223 000 Einwohner.

162 Gegen Kriegsende ausgebrannt, später wieder aufgebaut: das in OLIVA, seit 1926 Danziger Stadtteil, 1760 vollendete Neue Äbteschloß der dort seit etwa 1175 ansässigen Zisterzienser. Der Rokokobau war nach Aufhebung des Klosters (1831) Residenz des Fürstbischofs von Ermland (bis 1836), dann königliches Schloß, 1927–1945 Landesmuseum für Danziger bzw. westpreußische Geschichte und ist heute ein ethnographisches Museum. Im Kloster schlossen Schweden und Polen 1660 jenen Friedensvertrag, der Brandenburg die Souveränität über das Herzogtum Preußen brachte.

163 Die Ende März 1945 zu 90 v. H. zerstörte Altstadt von DANZIG wiedererstehen zu lassen hieß Rekonstruktion und Kopie zum Prinzip erheben – ein so noch nie dagewesenes Unternehmen, das höchsten Respekt abnötigt. Gewiß, Danzig ist heute eine Art Großmuseum, aber von Leben erfüllt. Die totale Überwindung des Kontrastes zwischen dem Einst und dem Jetzt war wohl ohnehin kaum erreichbar, zudem nicht unbedingt erstrebenswert. Hier der Lange Markt mit dem Rechtstädtischen Rathaus sowie den neuen Renaissance- und Barockfassaden der ehrwürdig-alten Patrizierhäuser.

164 Auch das so gut wie völlig zerstörte Speymannsche, später Steffensche Haus am Langen Markt in Danzig ist nach 1945 vorbildlich restauriert worden; nur die das Walmdach krönende Statue fehlt. Den Skulpturenreichtum dieses prächtigen Hauses, das den üblichen Giebel durch eine aus dem Rahmen fallende, mit vier Statuen besetzte Balustrade ersetzt hat, schuf von 1609 bis 1617 der Rostocker Bildhauer Voigt. Auftraggeber: der Ritter Hans Speymann von der Speye, ein «weitgereister Mann, der... die ‹antikischen› Stoffe für den Skulpturenschmuck seinem Steinmetz wohl persönlich angegeben haben mag» (Arthur Lindner, 1913). Der hat sie in den Reliefs der Fensterbrüstungen behandelt. Die Köpfe über den Pilastern erinnern an Helden der Antike, römische Kaiser und neuere Herrscher. Waffen- und Trophäenreliefs zieren die Parterre-Pilaster. Reliefschmuck, und zwar bereits aus der Epoche des Rokoko, auch an den Brüstungen des «Beischlags», des besonders in Danzig künstlerisch gestalteten Terrassenvorplatzes.

165 Die größte Backsteinkirche der Welt: SANKT MARIEN zu Danzig. Ende des 12. Jahrhunderts kamen die ersten Deutschen hierher; es entstand eine Marktsiedlung, die deutsche Kaufleute anzog, schließlich ein deutsches städtisches Gemeinwesen, das um 1240 vom Pommerellenherzog Swantopolk deutsches Stadtrecht erhielt. 1308 bemächtigte sich der Ritterorden Danzigs, zerstörte die Befestigungen, vertrieb die Bürger – und gründete eine neue Stadt, die sogenannte Rechtstadt am Langen Markt, für deren Pfarrkirche am 28. März 1343 der Grundstein gelegt wurde: für St. Marien. 1502 war der Bau vollendet, nachdem die ursprüngliche Basilika zur Hallenkirche umgestaltet worden war. Ihre Gesamtlänge beträgt 105 m; das Langhaus ist 41 m, das Querhaus 66 m breit, der Turm 78 m hoch. Einziger architektonischer Schmuck im Innern: die kleinflächig unterteilten Netz- und Sterngewölbe, wirkungsvoller Kontrast zu den schlicht behandelten Flächen der Wände und der 26 Pfeiler. Die Wiederherstellung der 1945 völlig ausgebrannten Kirche kann nicht genug gerühmt werden.

166 Die Marienkirche zu Danzig, die 25000 Menschen fassen kann, besaß eine prächtige, im Laufe der Zeiten immer reicher gewordene Ausstattung, die allein an die 50 Altäre zählte. Zu ihr gehörte auch ein bedeutendes Frühwerk des seit 1466 in Brügge als Hauptmaler der südniederländischen Schule wirkenden Hans Memling: das um 1470 entstandene Altar-Triptychon «Das Jüngste Gericht». Das eigentlich für Florenz bestimmte Werk fiel 1473 im Krieg zwischen England und der Hanse dem Danziger Kapitän Paul Beneke als Beute einer Kaperfahrt in holländischen Gewässern in die Hände. Heutiger Standort: das Danziger Nationalmuseum, ehemals Franziskanerkloster, von 1558 bis 1806 Akademisches Gymnasium, seit 1872 Städtisches Museum. In der Marienkirche geblieben ist die um 1420 geschaffene «Schöne Madonna», deren Vorbild wohl die Marienstatue in der ältesten ordenszeitlichen Pfarrkirche, St. Johann in Thorn, gewesen sein dürfte. Aus St. Marien 1945 ins Warschauer Nationalmuseum überstellt: der MARIEN-ALTAR aus der Marienkapelle der Priesterbrüderschaft. Hier ein Detail.

167 Die beiden etwa 1473 gemalten zweiteiligen Flügel dieses Altars flankierten sein neutral gehaltenes, mit Baldachin versehenes Mittelstück, vor dem einst eine Marienskulptur aus Kalkstein stand. Die horizontal zweigeteilten Vorderseiten der Innenflügel zeigen links die hl. Katharina und die hl. Dorothea, rechts die hl. Barbara und die hl. Margaretha. Die Vorderseiten der Außenflügel, waagerecht dreigeteilt, führen links Verkündigung, Begegnung und (Seite 166) die Anbetung des Kindes vor, rechts die Anbetung der Könige, Darbringung im Tempel und die hier wiedergegebene FLUCHT NACH ÄGYPTEN. Der von der Säule stürzende Ritter ist zeitgenössische Umsetzung einer Stelle im Pseudo-Matthäus-Evangelium des 8./9. Jahrhunderts, derzufolge bei Ankunft der Hl. Familie in Ägypten alle Götzenbilder zu Boden fielen und zerbrachen. Auf der Gesamtfläche der Außenflügelrückseiten (Altar bei geschlossenem Zustand) ist die Verkündigung dargestellt. Reinigung der Malereien 1970 ließ gut erhaltene, hell leuchtende Farben zutage treten.

168 Durch Danzig, «Nordlands Venedig», fließt zweiarmig die Mottlau. An ihrem linken Arm erhebt sich das markanteste Wahrzeichen der alten Hansestadt: das in den 1440er Jahren in Stein errichtete, zuvor als Holzbau mehrmals abgebrannte KRANTOR. Ende März 1945 stand von ihm kaum mehr als die Mauern der Rundtürme. Ganz links der Turm des 1380 begonnenen Rechtstädtischen Rathauses. In der Mitte ragen hinter den Häusern der neu entstandenen Altstadt der Hauptturm und die feingliedrigen Seitentürmchen der St. Marienkirche auf, alles Ergebnis originalgetreuer Rekonstruktion.

A. H. Lichnams thor.
B. S. Elisabet Hospital.
C. S. Iacobs thor.
D. Weiße München.
E. S Bartolomeus.
F. Alt Stattisch Rathaus.
G. Die große Millen.
H. S. Catharina
I. Grawe Nonen Closter.
K. Hoche thor.
L. Zeughause.
M. Gefangen thurn.
N. Schwartze München.
O. Iuncker Schießgarten.
P. H Geist Hospital.
Q. S. Iohannes.
R. S. Maria.
S. Recht Ste Rathaus.
T.
V.
X